Petama Project Verlag

Aphorismen wie Leuchttürme

Orientierungspunkte auf dem Ozean unserer Reise durch den Alltag

Ein Scheinwerfer mit Leuchtkraft
über 800 Jahre hinweg

Puran Füchslin

Liebe Freunde,

Mein Staunen über unser Leben hat mich nur für kurze Zeit einmal verlassen - doch jetzt, mit nun 73 Jahren, ist es so frisch zurückgekehrt, genau gleich wie als ich fünf, sechs Jahre alt war. Diese wunderbare Faszination nahm ihren Anfang bei Belotti, ich weiss es noch so genau - wir nannten ihn 'Goldzahn'; er war der erste Mensch, bei dem ich wirklich zutiefst staunte, das hatte ich noch nie gesehen. Belotti war Maurer, er arbeitete beim Spelgatti - und war immer zusammen mit einem Kollegen, beides hoch geschätzte 'muratori' aus Bergamo. Die beiden teilten eine gemeinsame Biografie und waren gute Freunde.

Dieser Goldzahn konnte sich in den Pausen seiner Arbeit in einer uns völlig fremden Sprache glänzend unterhalten, bei Wurst und Brot und einem Bier (ich rieche den Duft noch heute) - und wir standen dabei, staunten und verstanden kein einziges Wort - das war ein enormer Mangel, den ich mit allem, was mir zur Verfügung stand, überwinden wollte, wir legten uns ein erstes, selbst geschriebenes Wörterbuch an - mit fünf - daran hat sich bis heute nichts geändert.

Diese Sehnsucht war ein Leuchtturm an der alexandrinischen Küste, so weit weg - und doch Motor, jeden Tag, jede Nacht, von neuem. Sie hat mich, metaphorisch gesprochen, um die ganze Welt geführt, physisch beinahe um die ganze Welt.

Und so nehme ich Euch hier mit, liebe Freunde, wenn Ihr mögt - ein Aphorismus leitet jeden Abschnitt dieses Buches ein - und daran hängen wir dann unsere kleinen und grossen Geschichten, oder Erkenntnisse, oder Analysen, oder was immer....

Das Schönste, was ein Buch erreichen kann - es kann uns helfen, festgefahrene Meinungen und Haltungen einfach hinter uns zu lassen, aus Freude an der Bewegung. Das Buch, ein Brief an jene Zukunft, die noch nicht geschrieben ist, neu, anders als ich sie mir selber vorstellen kann!

* * *

Die 'Leuchttürme' entstanden vor mehr als 800 Jahren - ein 'Ausländer' schuf sie, Produkt einer ganz besonderen Alchemie - ich hatte ein Jahr an ihrer Herausgabe auf Deutsch gearbeitet und nannte sie 'Goldgräberworte'.

Es ist jedoch der Autor, Mevlânâ Jelâl-ed-din Rûm-î, der uns das Wunder der lebendigen Sprache gebracht hat - die Goldschmiede in der Altstadt Konyas in Anatolien gaben ihm den Rhythmus vor. Der nahe Vulkan machte mit seiner Gegenwart den Menschen bewusst, welche Kraft in ihm schlummerte und brodelte - er machte sie wach genug, Ausschau halten zu wollen nach Leuchttürmen - wie diesen hier - ihr Leben war nicht so viel anders als die Zeit, in der wir heute leben....

Jedes Kapitel dieses Buches wird also einen Zeitsprung bringen, über 800 Jahre hinweg - Ausgangspunkt ist der Aphorismus, und er wird uns viel Licht spenden, unser eigenes Leben heute wie ein Kaleidoskop betrachten zu können - mit vielen Facetten, manchmal altbekannt, manchmal völlig neu in der Perspektive - sehen können, was uns fehlt, was wir vielleicht verloren haben, was uns bereichert.

Eine Betrachtung dazu: War mir der Mangel, von dem ich oben sprach, bewusst, damals? Mit fünf Jahren haben wir ja noch nicht so viele Vergleichsmöglichkeiten, die uns auch die Schatten bewusst machen könnten.

Doch ich glaube schon, ja, der Mangel war mir bewusst, in einer vielleicht 'embryonalen Form', würde ich heute beschreiben. Natürlich zeigte es sich nicht in der heutigen Sprachform, viel spontaner, in Neugier, etwas im Inneren, das nach aussen gehen wollte, offenbar - wir leben ja einfach nur, mit fünf....

Doch offenbar waren da zwei, drei Menschen, die erkannten dies, damals schon - besser als ich es konnte. Ihnen gehört meine tiefe Dankbarkeit ganz besonders, Hüter unserer Talente.

Richterswil, im Herbst 2023 Puran Füchslin

Füchslin Puran

Aphorismen wie Leuchttürme

Orientierungspunkte auf dem Ozean
unserer Reise durch den Alltag

Richterswil: Verlag Petama Project, Richterswil, 2023

Veröffentlicht durch: Puran Füchslin
Sennhüttenstrasse 1
8805 Richterswil
Email: puran@petama.ch
www.petama.ch

Gestaltung & Layout: Petama Project, Richterswil

Herstellung: Books on Demand, Norderstedt
www.bod.de

1. Auflage by Petama Project

ISBN 978-3-907643-52-5

(Ebook-Version unter ISBN 978-3-907643-53-2)

Bibliografische Information der Deutschen Nationalbibliothek:
Die Deutsche Nationalbibliothek verzeichnet diese Publikation in der Deutschen Nationalbibliografie; detaillierte bibliografische Daten sind im Internet über http://dnb.d-nb.de abrufbar.

Inhaltsverzeichnis

Geduld mag bitter sein, doch sie bringt süsse Früchte ...

Es gibt einen Grund, weshalb ich unser Buch hier mit diesem Aphorismus beginnen will - ich versuche zu beschreiben:

In einer besonderen Zeit meines Lebens arbeitete ich mit Anny Burger zusammen, und was ich von und mit ihr lernte war die eigentliche 'Grundprüfung' meines ganzen Lebens - wir arbeiteten im Jugendcafé in der Altstadt Zürichs, wir waren da nicht nur für Jugendliche, die Ursprung des Konzeptes waren, sondern für alle 'Gestrandeten Zürichs'; sie tauchten früher oder später bei uns auf, für die einen waren wir einfach ein 'Café, das günstig war', für andere Anker und einziger Zufluchtsort in einem Leben, das in ihren Augen nur von Katastrophe zu Katastrophe dahinsegelte - stets mit ihrem inneren Alarmknopf, vor allem, was ihnen begegnete.

Natürlich war es eine enorm fordernde Zeit, damals war ich so um die dreissig - es war die Zeit des AJZ und dem Platzspitz voller Heroin. Ich war sehr froh, dass Anny Burger mir die Voraussetzungen zu unserer Arbeit auf eine Weise klar beschreiben konnte, dass wir nach unserer ersten Viertelstunde zusammen nie mehr, für den ganzen Rest unseres Lebens, zurückkehren mussten zu diesem Ausgangspunkt. Da war Vertrauen, Sicherheit.

So war in unserem Leben immer eine Vorwärtsbewegung, natürlich wurde sie immer wieder auf die Probe gestellt, an jedem einzelnen Tag. Oft standen wir vor Entscheidungen, die sehr viel Tragweite hatten - nicht für uns, unseren eigenen Arbeits- und Lebensrahmen, doch für jene, die uns ihr Vertrauen geschenkt hatten und immer wieder zu uns kamen, um Rat oder Unterstützung zu suchen.

Unser Alltagsleben hatte ja auch etwas Paradoxes, zumindest schien es von aussen so: Während durch das Leben unserer Gäste meistens Stürme aller Art tobten, die einen ausgelöst von aussen, mit Behördenentscheiden, die von ihnen Dinge forderten, denen sie sich einfach machtlos ausgeliefert fühlten - Mangel an Einsicht, Mangel an Wissen, Mangel an Überblick, für sich selber oder die fordernde Behörde - so erwarteten sie von uns Stabilität, Zuverlässigkeit, Verständnis, Ausgewogenheit, fähig, Sichtweisen aus verschiedenen Blickwinkeln zu einem Gefühl zusammenzubringen: 'Wir sind uns sicher, die Leute im Juca lassen uns nie im Stich' - Gassensprache benutzt selten solche Worte.

* * *

Anny Burger und ich waren ja nicht einfach 'fertige' Menschen, alles andere als das. Unser eigenes Ideal, den Gästen diese Form von Sicherheit geben zu wollen, stand auf einer ganz anderen Ebene jeden Tag auf einem Prüfstand, den die Gäste nur ganz selten, fragmentarisch, überhaupt wahrnehmen konnten - die Verantwortung dafür lag ausschliesslich bei uns beiden - weder Leitender Ausschuss oben oder Polizisten unten, mit ihrem Bedürfnis und Vorgaben nach Kontrollrazzien hatten Einblick darin.

So sassen wir, nachdem die Gäste um 23.00h das Café verliessen (es öffnete jeweils um 16.00h), unzählige Male noch zusammen danach, manchmal bis drei Uhr morgens - und loteten gemeinsam aus, wie unser Ideal in Länge, Breite, Höhe und Tiefe so stabil bleiben konnte, dass es selbstverständlich wurde.

Es war bei weitem der wertvollste Aspekt unserer gemeinsamen Arbeit, und es bewegt mich jedes Mal sehr, wenn ich mich daran erinnere - Anny Burger hatte eine befreite Herzlichkeit in ihrem eigenen Leben geschaffen, die klar, durchdacht und durchgearbeitet war, in allen Aspekten unseres Lebens. Und dass ich daran teilhaben konnte und mich selber daran 'schleifen' lernen konnte, war einfach unbezahlbar, es strahlt auf alle Ebenen aus - Freiheit, gezähmt in Verantwortung ist wohl die beste Beschreibung dafür.

Geduld mag bitter sein - immer und immer wieder standen wir in dieser Situation: Not drängte, so oft im Leben auf der 'Gasse', die Not bei unseren Gästen, ob von aussen oder von innen, war immer *auf den heutigen Tag bezogen* - die meisten hätten sich eine Kontinuität über eine Woche, einen Monat, oder sogar über ein Jahr hinweg nicht einmal vorstellen können - solche Konzepte lagen weit jenseits ihrer persönlichen Lebenserfahrung.

Umso zentraler war unsere gemeinsame Fähigkeit, Geduld zu haben, ausgereifte Überlegungen und Gefühle als Gegenpol setzen zu können für die 'himmelhoch-zutiefst erschüttert' - Wirklichkeit im Denken und Fühlen unserer Gäste, jeden einzelnen Tag.

Anny Burger hatte gemeinsam mit den Gassenjugendlichen die Basis gelegt für dieses Juca, in intensiven Dialogen, sie forderte von ihnen Klarheit, Schlussfolgerungen, die sie von ihnen brauchte, um dann umwandeln zu können - Basis im Juca - in konkrete Angebote, Rahmenbedingungen, erarbeitet auch gemeinsam mit dem Sozialamt und dem damaligen Polizeivorstand Frick - riesig, was Anny da geschaffen hatte.

Natürlich fragte ich sie auch: 'Hast Du ein 'Grundrezept', dass so etwas überhaupt möglich wird?' Ihre Augen funkelten, sie freute sich über meine Frage. 'Ja natürlich'. Sie freute sich auch, Spannung erzeugen zu können, freudige Spannung der Erwartung:

'Wenn ich vor wichtigen Entscheidungen stehe, so wende ich die 'Drei-Tage-Regel' an - sie hat sich verblüffend bewährt:

- Am ersten Tag nehme ich alle Argumente zusammen, die mein Ziel, mein Projekt, meine Absicht unterstützen, alle Aspekte, ich schreibe sie mir auf, Dialoge, rechtlicher Rahmen, finanzieller Rahmen, Voraussetzungen zum Gelingen. Die trage ich mit mir, nur positive Aspekte - und dann gehe ich schlafen...

- Am zweiten Tag schaue ich alle Hindernisse an, alle negativen Aspekte, die eigenen zuerst, dann jene der anderen. Ich trage sie genauso mit mir - und dann gehe ich wieder schlafen...

- Der dritte Tag hat dann jeweils den Weg geöffnet, jedes Mal.'

*   *   *

Hallo Weise(r), wenn Du wahre Kunst erreichen willst, helfe allen anderen, sie zu erreichen ...

...'Und dann gehe ich schlafen'... mit einem wissenden Augenzwinkern, natürlich - wir wussten beide, was dies beinhaltete.

Nun, liebe Freunde, dies hier ist für mich eines der grössten Wunder, die ich im Verlaufe meines Lebens angetroffen habe - und wiederum ist da eine Verbindung zu diesem 'Ausländer', wie ihn die türkischen Mitbewohner nannten - ich zitiere ihn gern noch einmal. Unser Aphorismus oben bezieht sich nicht 'nur' auf Kunst, sondern ist Schlüssel zu all den Dingen, von denen wir zwar wissen, sie aber nicht als für uns erreichbar betrachten - statt 'Kunst' könnten wir auch 'Musikalität' sagen.

Wie viele Menschen kennt Ihr, die von sich selber sagen: 'Ich bin halt nicht musikalisch!', und dies sogar auch noch glauben? In meinen Augen sowieso viel zu viele, eine solche Aussage macht mich oft zutiefst traurig.

Hier wieder der kleine Sprung zu unserem ...'dann gehe ich schlafen'... und gerne zitiere ich wieder Rûm-î:

Nachts befreist du unseren Geist
vom Körper und seinen Fesseln
und machst ihn wieder rein und klar
wie eine unbeschriebene Tafel.

Kein König weiss mehr von seiner Majestät,
kein Gefangener weiss mehr von seiner Beschränktheit...

Was beschreibt Mevlânâ da? Etwas höchst Wissenschaftliches, nicht nur, aber auch. Er beschreibt das Phänomen 'Schlaf', wie wir es nur selten bewusst wahrnehmen - dem möchte ich hier gerne etwas nachgehen, willkommen, wenn Ihr dabei sein wollt!

Unsere Seele, eingepackt in unseren Körper und unser Gemüt, könnte dieses Gefängnis gar nicht ertragen, so ohne jeden Pause dazwischen, viel zu schwer, schwerfällig, gewichtig, einengend.

Dafür wurde für uns der Schlaf eingerichtet. Kein Mensch könnte je sich selber, die eigenen Gedanken und Gefühle, diesen Mix, den wir 'unser Leben' nennen, ohne Pause ertragen - die gleichen Routinen, die immer wiederkehrenden Gedanken, Gefühle, Wellen.... ein Krampf ohne Ende, kennt Ihr das?

Wenn da nicht der Schlaf wäre...

Im Schlaf lösen sich all unsere 'Muster' auf, sie sind einfach nicht mehr da - und die Seele entschlüpft jede Nacht und reist in Windeseile; sie weiss, wo Gesundheit, Erneuerung, Erleichterung, Befreiung stattfindet, auf allen Ebenen, weit weg von dem, was unser Alltag ist. Seid wachsam, liebe Freunde, was genau geschieht, wenn Ihr am Einschlafen seid! Seid achtsam, wie Ihr das Einschlafen vorbereitet!

Und dann seid ebenso wachsam, wenn Ihr Euch am Morgen aus dem Schlummerland wieder zu dem, was wir 'Leben' nennen, zurückfindet! Achtsam, wie Ihr das Aufwachen vorbereitet!

* * *

Gestern Abend war ich noch unten im Dorf, da war die Einladung der Richterswiler Fontänen-Gesellschaft für die jährliche Schiffsrundfahrt vor der Generalversammlung - und zuvor noch die überraschende Meldung auf dem Handy: Tina Turner ist gestorben, simply the Best - einfach so entschlüpft, gute Reise!

Da kam mir das praktische Beispiel in den Sinn zu dem, was ich oben beschreiben wollte. Wir tun genau das Gleiche wie unser Laptop, wenn wir ihn nach getaner Arbeit schliessen - es ist ja eher so, dass die Menschen, die den Computer erfanden, sich zuerst genau mit dem befassen, was wir tun, um es dann umsetzen zu können in 'Erfindung'.

Was geschieht, wenn ich 'Herunterfahren' anklicke? Der Computer sammelt die offenen Dateien und Apps ein, räumt sie auf, schliesst eine nach der anderen, danach schliesst er sein eigenes Wissen über sich selbst, und irgendwann löscht das kleine Lichtlein über dem 'Aus'-Knopf, er schläft nun tief und fest.

Und dann, beim Neustart, der umgekehrte Prozess: Mit dem ersten Impuls kommt genau das, was wir tun, wenn wir am Morgen zu erwachen beginnen - das Bewusstsein kommt zurück, Fragment um Fragment, setzt sich neu zusammen: 'Wer bin ich? Was ist für ein Tag? Was ist die heutige Aufgabe? Habe ich alles beisammen, was ich brauche, Arme, Beine, geputzte Zähne, Gedanken, Gefühle, meine Fähigkeit, zu erkennen und zu gewichten?' - die Grundelemente unseres 'Ich-Seins'.

Erst dann beginnen wir, 'Programm-Apps' zu öffnen, Duschen, Rasieren, (Senioren: Medikamente nicht vergessen), Frühstück vorbereiten, Zeitung lesen, und irgendwann den Laptop öffnen, mit Arbeiten beginnen...

Was unterscheidet den Schlafzustand vom Wachzustand? Nur eines: es fliesst kein Strom vom Plus zum Minus - da ist kein Wille.

* * *

Und wieder liegt all unser Erkennen bei unserer Achtsamkeit - da ist es sowieso, ob wir es wahrnehmen oder nicht... Nehmen wir wahr, dass sich zwischen all diese Fragmente etwas Neues geschoben hat, jeden Morgen? Etwas, das gestern noch nicht da war, das vielleicht noch nie da war, so, in unserem Leben?

Dies meint Mevlânâ - und Leonard Cohen bezieht sich darauf in einem seiner Lieder: 'there's a crack in everything, that is where the light comes in' - da ist ein Riss, ein Spalt, ein Sprung in allem, und da kommt das Licht herein - das Licht der Erneuerung.

Was bedeutet dies nun, wenn wir darüber nachdenken? Es bedeutet, dass unser Leben jeden Morgen einfach neu anfängt, nichts vorgegeben, nichts festgelegt, 'Morning has broken, like the first morning' - Yusuf.... Erst danach beginnen wir unsere Routinen einzusetzen, um wieder herzustellen, was wir am Tag zuvor verlassen hatten - wir setzen das, was wir unsere Persönlichkeit nennen, jeden Morgen von neuem zusammen, wie ein Puzzle.

Es braucht etwas Übung, erkennen zu können, welche alten Puzzleteile wir gar nicht mehr finden, und welche neuen wir wo einpassen können; manchmal finden wir für das Neue gar keine Lücke mehr im Gesamtbild, wo es hineinpassen könnte - wir grenzen uns dann oft vor uns selber aus. Und wenn wir verliebt sind? Da schüttelt es manchmal alle fünftausend Teile so durcheinander, dass wir nur am Ordnen sind und uns sicher an die drei wichtigsten Termine unseres heutigen Tages nicht einmal erinnern!

Einfach nur - lebendiges Leben! Wie wunderbar! Wenn wir solches Verständnis zum Grundton unseres Lebens machen können, was für ein Segen kommt da! Zum Beispiel:

'Wenn wir verstehen, brauchen wir nicht mehr zu urteilen'.

Es liegt nicht in unserem Bereich, entscheiden zu können, was Sinn macht oder nicht. Dies liegt ausserhalb unseres Einflussbereiches. So müssen wir uns darauf beschränken, Sinn finden und Sinn erkennen zu können - auch in Dingen, die uns völlig gegen den Strich gehen.

In einer Arbeit für unser Dorf habe ich einen Begriff gesucht, der nicht in alte Schubladen passt - schliesslich schälte er sich heraus: 'Symbiosen der Not'. Mit Katja hatte ich eine Begegnung im Kreis 4 in Zürich besprochen - die Wohngemeinschaft eines Sohnes mit seiner 93-jährigen Mutter - der Sohn seinerseits ist etwa 55 und seine Neurodermitis bringt ihn dazu, sich oft zu kratzen. Er hatte gerade die Aufforderungen erhalten, sich eine neue Wohnung zu suchen - da die beiden für die alte Wohnung im Lochergut die Kriterien nicht mehr erfüllten.

Erkennt Ihr den Sinn dieses Begriffes: 'Symbiose der Not'? Er soll einfach ohne Urteil so angeschaut werden, 'Arbeitstitel' - wir haben noch nicht genügend Kriterien, solche Symbiosen noch nicht ernsthaft genug betrachtet und studiert...

Das Übliche ist, dass sich da ein Apparat in Bewegung setzt, der ist meistens bedrohlich für eine solche Symbiose; und wenn etwas bricht darin, löst dies eine lange Kette von Folgen aus, alle decken mit ihrem Bedürfnis nach 'Lösungen' den inneren Sinn einer solchen Symbiose zu - unwiederbringlich, sehr oft.

Wäre da nicht der Schlaf....

* * *

Liebe Freunde, manchmal werden meine Gefühle und Gedanken während des Schreibens zähflüssig, und ich denke mir dann: 'Soll ich so weit weg vom Alltag Dinge beschreiben?'

Dann mache ich mich auf, ins Dorf, schaue beim Skenderbeg vorbei, kaufe Tagi und NZZ, mache mich wieder auf, den Berg hoch bis zur Burghalde - heute noch ein kleiner Einkauf beim Spar. Und wer steht da draussen, etwas gedankenverloren? Die liebe Sybille, ihrerseits wohl nahe bei 90, mein Hallo holt sie aus tiefen Gedanken... Wie geht's? 'Nun ist es nur noch ein Abwarten', gibt sie zur Antwort, 'mein Mann ist teilnahmslos geworden mit seinem Alzheimer, isst kaum noch, scheint genug zu haben'. Ich kenne Sybille gut, frage nach: 'Aber Deine Gegenwart spürt er schon?'

Da kommt ihre Antwort mit Schwung, unmittelbar: 'Ja, wir haben uns ja versprochen, füreinander da zu sein, im Guten wie im Schwierigen. Ich gehe ihn jeden Tag besuchen im Wisli, seit ein paar Jahren nun, die Pflegefrauen haben ja nicht einfach rund um die Uhr Zeit. Ich habe im Krieg meinen Vater früh verloren, er auch, und so gehören wir zusammen, nun schon so viele Jahre.'

Versteht Ihr, wovon ich spreche, liebe Freunde? Jede Nacht ein 'crack', ein Riss, ein Bruch, ein Spalt - und da fliesst alles Mitgefühl herein, das Sybille braucht für ihre Aufgabe - es versiegt nie, kann gar nicht versiegen, eine Überfülle von wunderbarem Menschsein, es muss sich nicht einmal befragen.

Keine Sekunde haben Gedanken an sich selber, an eigene Wünsche oder Sorgen, Platz im Leben von Sybille. Leben mit dem Vertrauen eines Kindes - mit Mut, unsere vergrabene Unschuld wieder zu finden. Die Pizza vom Spar hat ganz wunderbar geschmeckt!

* * *

Anspruchsvoll wird es, wenn wir Verantwortung tragen in Funktionen, für eine Gemeinde, oder ein weites Arbeitsfeld, das unterschiedliche Felder bewirtschaftet...

Ein scharfes Schwert
kann weiche Seide nicht zerschneiden...

Nun, liebe Freunde, heute ist Pfingstsonntag - da liegt ein besonderes Gefühl der Reife in der Luft, reifes Gras, das pastellfarbig zu blühen begonnen hat, Reife in der Atmosphäre, sehr dicht und bedeutungsvoll - und viel Zeit, jedes Wort, jeden Satz, den ich bisher geschrieben habe, nochmals anzuschauen, dem Gefühl nachzuspüren, ob 'es sich richtig anfühlt' - die Schrift, die Abschnitte, die Wortwahl - Leben, wie ich es mir immer gewünscht habe.

Wollen wir etwas diese Symbiosen studieren, was ist ihr Ursprung, sind ihre Geheimnisse, was macht sie zu einer 'Symbiose der Not'? Es ist eine Form des aktiven Abwartens, nach Pfingsten wird sich die Reife des Jahres zeigen, noch sind keine Früchte sichtbar, doch das Unkraut ist ebenso wie alle Pflanzen, die wir als nützlich betrachten, mit gleicher Kraft gewachsen - Sonne, Regen und Wind - so dass die Gemeinde nun auch regelmässig den 'Häckseldienst' organisieren muss.

Typisch auch für diese Zeit bis zur Sommersonnenwende: Die Beweglichkeit, Frische, Erneuerungskraft der ersten drei Monate im Jahr haben sich erschöpft, sind in der 'Dichte der Welt' zu Unbeweglichkeit geworden, Teil des Jahresprozesses... und wir müssen ertragen lernen, eine scheinbar sinnlose Form der Geduld, einfach ertragen, An-Ort-treten, Vertrauen auf etwas, das mit aller Sonne und Sommerlicht verborgen bleibt, besonders in dieser hellen Zeit des Jahres.

Worauf ich hinweisen will, heisst auf Arabisch: Sabur - Batin, nichts, was ich kenne, könnte dies genauer beschreiben - dahinter steht ein uraltes Wissen, dreimal raten, woher! Wenn wir dies einem Kind beschreiben müssten, könnten wir vielleicht folgende Worte wählen:

'Weisst Du, lieber Lukas, wir Menschen funken immer in etwas hinein, was die Natur so ganz aus sich heraus schafft, in ihrer eigenen Bedeutung, in ihrem eigenen Rhythmus - und dann kommen. wir Menschen und versuchen, irgendetwas zu beeinflussen; wir ziehen an Grashalmen, dass sie schneller wachsen sollen, wir reissen einer Fliege die Flügel aus, um herauszufinden, was sie dann tut, zu Fuss, ob sie auch damit zurecht kommt.

Aus diesem Grund beschützt der Schöpfer seine Natur mit 'Batin'; das heisst, Er beschäftigt uns mit Bagatellen, Belanglosigkeiten, oder eben, mit einem erschöpften statischen Zustand, er bindet uns die Augen zu damit - unsere Blindheit verleitet uns, Regeln aufzustellen, damit dieser erschöpfte, statische Zustand keine Bewegung ermöglicht. An solche Tagen finden Generalversammlungen statt, Gemeindeversammlungen...

Warum? Weil ganz im Verborgenen, ohne dass wir es erkennen könnten, bereitet der Schöpfer die Veränderung, die Erneuerung vor, und er zeigt uns erst in einem halben Jahr ein paar kleine Einblicke darin, wenn die Erde wieder mit Schnee bedeckt ist und alle auf das Christkind warten...'

So würde ich Sabur - Batin einem Kind beschreiben. All dies ist Grundwissen unseres Lebens - einfach, jedes Kind versteht sofort!

Manchmal wundere ich mich, dass ich nun wieder hier im Dorf meiner eigenen Jugend lebe, nach fünfzig Jahren an völlig anderen Orten, in ganz anderen Umständen und Verantwortungen. Und dann kommt es mir vor, wie wenn meine alten Schulkollegen noch nie etwas davon gehört hätten, auch wenn sie es ja selber mit jedem neuen Jahreszyklus selber erleben, mitempfinden.

Doch bewusst verstehen und gemeinsamen Nutzen davon zu haben, so weit sind wir heute, Pfingstsonntag, noch nicht ganz.

* * *

Und so schreibe ich weiter am Buch, langsam, in Portionen, mit ruhigem Rhythmus...

Es scheint so, wie wenn mit all den Dingen, die ich erlebt habe, ein Element dazukäme in unserem Dorf, das sowohl irritierend als auch belebend wirkt, das eine schliesst das andere nicht aus. Um es genauer zu beschreiben:

Unsere Jugendzeit hier im Dorf Richterswil begann ja für uns alle ganz ähnlich, im gleichen Jahr geboren, mit unseren Eltern, die ihrerseits ihre ganz individuellen Biographien tragen - und wir teilten zehn, mit drei Schulkollegen gar dreizehn Jahre - gleiche Lehrer, gleiche Stoffe, gleiches Umfeld. Doch bei mir schien dieses Gefühl des Mangels - siehe Belotti-Goldzahn - anders ausgeprägt zu sein, tiefer irgendwie, drängender, offensichtlich - warum? Nun, liebe Freunde, mein Inneres weiss wohl, doch nicht in Worten.

Und daraus ergaben sich dann Weggabelungen, Entscheide, die sich nun in ihrer ganzen Tragweite zeigen - 60 Jahre später - das ist ganz wunderbar, so etwas erleben zu können. Was ich beschreibe wird nur dann sichtbar, wenn wir unsere Lebenwege miteinander vergleichen, eine 'Längsrichtung' des Betrachtens einnehmen - eben, weil wir wissen, ohne Worte.

Doch dies ist ja nicht unsere tägliche Sicht auf die Dinge, es ist eine Optik der Reflektion, der langen Linie entlang - äussern tut sich jeweils eher die Querlinie - Du stehst da, ich stehe da, wer hat die Oberhand, das Sagen, und wer nicht?

Wir alle kennen dies ja, aus unserer tagtäglichen Erfahrung, so viele Male erlebt, so viele Male uns daran gerieben, so viele Male entweder steckengeblieben, oder dazugelernt - wir entwickeln mit den vielen Jahren auch eine Art 'Metasprache', die zwar diese Konfliktherde wahrnimmt, sie jedoch gar nicht ansprechen muss - das gemeinsame Verständnis als Brücke, das sich über Konflikte erheben kann - das ist, was Anny Burger und mich zu wirklich guten Freunden machte.

Mit genügend Übung wird diese 'begleitende Achtsamkeit' selbstverständlich, und wir können Zustände von Menschen leicht aus ihrer Sprache ablesen, wir können heraushören:

- wenn sie sich selber als Menschen aufgegeben haben.
- wenn sie sich an einer Verletzung reiben.
- wenn sie steckengeblieben sind in ihrem eigenen Weltbild.

Unsere Arbeit im Juca war auch, unsere Gäste aus etwas herauszuheben, ich beschreibe nochmals: Sie alle waren abhängig von vielen Dingen, vom Sozialamt, vom Beistand, von Suchtmitteln, von was immer sonst.... Sie selber fielen dann oft, ihrer eigenen Ohnmacht unbewusst, in eine Sprache, deren Ursprung sie gar nicht erkennen konnten.

'Sozialhilfe-Schmarotzer' - ein Satz, der an so vielen Stammtischen ohne jedes Hindernis Runden dreht, anwendbar auf alles und jedes, ohne jede Unterscheidung - wir waren täglich konfrontiert damit, vor allem kurz vor den Tagen, an denen unsere Gäste einen Termin hatten bei ihrem Beistand, um sich das wöchentliche Taschengeld abzuholen - es reichte jeweils für drei, vier Tage, danach kam die Not....

Und da kam wiederum unsere Haltung 'zum Einsatz' - nämlich jene, unsere Gäste an eine Würde zu erinnern, die ihnen selber kaum geläufig war - Anny hatte dafür ein ganz wunderbares Bild geschaffen, ich wiederhole es Euch gerne hier, sie sagte:

'Weisst Du, jeder Mensch hat ein 'Ich', das er als sich selber versteht, es ist wie ein Hemd, das wir anziehen. Wir selber fühlen uns mehr oder weniger wohl darin, doch es ist unser Hemd. Andere Menschen sehen meistens leichter als wir selber, wo es Flecken hat, wo es zerrissen ist, wo es Löcher hat - wir haben uns so lange daran gewöhnt, dass sie uns nicht mehr auffallen - den anderen schon.

Wir haben kein Recht, einem Menschen sein Recht auf sein Hemd abzusprechen, ihm etwas anderes aufzudrängen - es ist sein Hemd, etwas Heiliges für ihn selber - und dieses Heilige sollten wir schützen mit allem, was uns zur Verfügung steht, wie schwierig es auch sein mag. Warum?

Es mag, irgendwann, der Tag kommen, an dem einer unserer Gäste zu uns kommt und sagt: 'Du, ich mag mein Hemd nicht mehr, es ist ja richtig, dass die anderen es als verdreckt, zerrissen, schäbig sehen und es mir auch deutlich sagen und zeigen - das ertrage ich nicht mehr. Hast Du vielleicht ein anderes Hemd für mich, ein neues, frisches, sauberes? Ich würde alles geben dafür!'

Aus diesem Grund, lieber Hannes, arbeiten wir so, wie wir es tun. Und wenn wir wirklich ernsthaft gut gearbeitet haben, so können wir einen Schrank öffnen, er besteht aus unserem Ideal, ein schöner Schrank! Und daraus können wir dann, wenn die Bestimmung es so will, genau dieses neue Hemd für genau diesen Menschen hervorholen, frisch gebügelt, apfelblüten- orangeblütenduftend, neu! Das ist die Schönheit unserer Arbeit!'

* * *

Nun, liebe Freunde, hat sich hier die Bedeutung unseres Aphorismus, der das Kapitel einleitete, gut umschrieben? Ich gehe davon aus, dass Ihr Eurerseits viele eigene Beispiele anfügen könnt, herzlich willkommen!

Zweifellos, wir wissen ja, manchmal ohne zu wissen, dass wir wissen... Dass es so kompliziert tönt und so einfach ist, hat mit einer Abmachung zu tun, vor so langer Zeit...

Ya Saburo, Ya Batino - da ist die Wissenschaft der Vokale, der Konsonanten, ihre Verbindung mit den Grundlagen der Natur, der musikalischen Grundstruktur der Natur - wir können ein Leben lang lernen, und wir werden immer Neues entdecken!

* * *

Ein Schneider macht das Kleid in der Grösse von dem, der es tragen wird...

Wunderschön, liebe Freunde - heute ist Neumond, gerade bin ich zurück aus einer Woche Fischerferien in den Bergen, am Malojapass – wie wenn ein Vlies aus den Überresten der Anstrengungen der vorherigen Wochen die Rückstände ausgefiltert hätte, so fühlt es sich an - einfach frisch, neu, klar, auch in dem, was wir hier zum Inhalt machen, Mitte Juni, der Jahreszyklus füllt sich...

Ja, Symbiose....wenn wir diese nicht hätten als Grunderfahrung in unserem Leben, wie wunderbar ist dies doch eingerichtet, so weit hätte kein Mensch denken können!

Um eine Seele vorzubereiten auf das Leben in dieser dreidimensionalen Beschränkung, die wir <Realität> nennen, hat die schöpferische Vollkommenheit diesen Prozess in die wunderbarst mögliche Symbiose eingepackt - neun Monate Schwimmen in schönster Geborgenheit, alles da, keinerlei Mangel, die Vorstufe zur Erfahrung in dieser Welt – Hindus nennen sie 'Maya', Muslime 'Dunya', und wir? Uns fehlen präzise Worte dafür, die uns Richtlinie sein könnten in unserem Alltag – sind wir froh, wenn da jemand Aphorismen geschaffen hat, für uns...

Während diesen neun Monaten - vergessen wir dies nicht! - reist unser Wesen, das sich da formt, durch die ganze Entwicklungsgeschichte unseres Planeten, jeder einzelne von uns, wir alle, ohne Ausnahme, erleben dies: Vom Einzeller über die Embryophase, in der ein Fisch gleich aussieht wie wir, von Kiemen zu Lungen, alles vorbereitet in Erwartung darauf, dass wir all diese Elemente dann nutzen werden, wenn sich das Tor zum Leben öffnet, was für ein umfassender Reichtum...

Symbiose 'Das Leben und ich' ist das Wunderschönste, das wir erreichen können - wir könnten sogar sagen, es ist der eigentliche Zweck, für den sich eine Seele überhaupt getraut in das Wagnis 'Leben auf Erden'...

Und gleichzeitig kann sie das übelste Gefängnis sein, das wir uns vorstellen können - wir sehen die einen, wir sehen die anderen, wie sie im Leben stehen, Erkennen kann sehr weh tun... sometimes it hurts, so badly, I must cry out loud...

Als ich etwa 27 Jahre alt war, schubsten mich die Erfahrungen zuvor zu Überlegungen, die ich mir bis dahin nie gemacht hatte; Marlis und ich waren verheiratet, sie in ihrem Leben als Anwaltssekretärin, ich Ausbildner von Bankern der Credit Suisse - seit einer Woche gibt es dieses Gebilde nicht mehr, es ist aufgegangen in etwas, das noch imposanter erscheint.

Rückblickend würden wir wohl beide sagen: 'Wir waren sehr lebendig, jung, frisch, neugierig und nachdenklich zur gleichen Zeit, befassten uns mit vielen Themen, Inhalten, hielten uns daran fest, (schön, dass wir über alles so gut reden können) - und wunderten uns dann eigentlich sehr, sprach- und ratlos, dass wir beide, unabhängig voneinander erkannten, dass unsere gemeinsame Zeit bald zu Ende gehen würde...'

Da war eine Erkenntnis, die bei uns beiden bewusst wurde: 'Das Gleis, auf dem wir fahren, führt uns nicht dahin, was wir uns für unser Leben wünschen würden' - bei mir waren die Überlegungen höchst alarmierend, damals: 'Wenn Du nicht ernsthaft an dem arbeitest, was Du ja weisst, wirst Du Dich mit 64 Jahren dafür hassen, dass Du Dein Leben nicht genutzt hast!' Ein Imperativ, der mich bewegte, mit Ungeduld.

Liebe Freunde, die Tatsache, dass wir im Jahr 1950 in dieses Leben kamen, ist etwas Einmaliges, mitten ins 20. Jahrhundert, die Schatten des Weltkrieges zuvor lag unseren Eltern noch ganz direkt auf ihren Seelen - und wir blieben davon unberührt, an der Oberfläche. (Jede und jeder andere hat natürlich das gleiche Recht, dasselbe von ihrem/seinem Leben zu sagen, unabhängig vom Geburtsjahr...)

Die Fähigkeit zu reflektieren, unseren Ort zu vergleichen mit so viel kreativem Reichtum, mit Entwicklungen in der Gesellschaft, vor denen unsere Eltern oft auch rat- und sprachlos standen, 'what would you do if I sang out of tune?'.... All dies war angelegt in unserem Leben, liebe Freunde, die Frage vor uns: 'Wie haben wir all diese wunderbaren Möglichkeiten genutzt, wie haben wir unser Schiff auf Kurs gehalten, welche Häfen haben wir angesteuert?'

Mitte Juni, Sommersonnenwende - und noch vor Tagesanbruch singen uns die vielen Vögel, die in den dichtbelaubten Bäumen ihre Nacht verbracht hatten, ihr Morgenkonzert vor - welche Freude!

* * *

Wieder in einer Art 'Warteschlaufe' beim Schreiben - ich möchte gerne die richtigen Worte finden, doch sie kommen noch nicht, ein Zustand, mit dem viele ja vertraut sind - da ist das Bedürfnis, genau zu sein, beschreiben zu können, doch da ist nur das, was drängt, vorläufig, das Gefühl des Ungenügens, mit Worten.

Doch es ist die Vorstufe zur Sprache, die wirklich beschreibt; eine Frage taucht nur deshalb auf aus der Tiefe, weil die Antwort auf diese Frage sie erst dahin schiebt.

Wir müssen manchmal das Echo auf unser Verhalten abwarten - gerade war unsere Gemeindeversammlung im Dorf - und da wird jeweils viel sichtbar, nicht so sehr aus dem, was konkret besprochen und entschieden wird, sondern die Art und Weise, wie die Versammlung vorbereitet wurde, ob weit, ausgereift und in allen Aspekten nachvollziehbar, oder eben mit Mängeln darin.

* * *

Eine Komposition wartet, auch hier das Gleiche: Alles ist da, eigentlich, der Text, die Grundstruktur der Musik - doch das Umsetzen 'läuft' noch nicht, zu wenig Wasserelement, vielleicht gehe ich mal baden im Zürichsee, embryomässig, keine schlechte Idee...

Wir sind ja nicht jeden Tag so wach, um in dem nächsten Menschen, den wir heute unterwegs antreffen, diese Fülle an Potenzial zu sehen - in jedem einzelnen von uns lebt das Erbe der ganzen Entwicklung unseres Planeten, immer abrufbar, sie kann immer sichtbar werden, da ist ein Meisterschneider, der bereitet vor...

Ein Kind hat Angst vor dem Skalpell des Chirurgen, doch die mitfühlende Mutter spürt seine Not...

...und hilft dem Kind zu verstehen und Erleichterung empfinden zu können.

Liebe Freunde, wie Ihr ja seht, die Kapitel im Buch, bezogen auf die Aphorismen, sind ja jedes Mal nur 'angedacht', nicht abgeschlossen, vollständig - ich halte es bewusst so (neben der Tatsache, dass ich diese Gedanken hier oft auch nicht zu Ende denken kann und will)...

Der Grund dafür: Ich bin den Menschen, die näher bei der Essenz lebten und sich ausdrücken konnten, zutiefst dankbar - sie haben etwas im Leben gehalten, was sonst verloren gegangen wäre, und wenn ich die Spuren dieser Pfade hier für eine neue Generation aufzeigen kann, insh'allah, so hat das Buch hier schon mehr erreicht, als ich viele Jahre lang für möglich gehalten hätte.

Und die frischen Impulse sind da, bei jedem Spaziergang ins Dorf hinunter, so viele freundschaftliche Menschen zu kennen, ist eine grosse Freude - und ein Artikel im heutigen Tages-Anzeiger ist genug Impuls für heute: Es geht um das Foto eines Schimpansen auf der Titelseite, er steht aufrecht, schaut die Leser an und streckt seine Zunge heraus.

Da war eine Frau, sie hiess Raden Ayou Jodjana, aus dem Baskenland, sie lebte während des ersten Weltkrieges in London, als Hausmädchen in einer besonderen Familie - und später wurde sie Ehefrau eines javanischen Tänzers - mit Verbindungen zu Holland; Java war eine holländische Kolonie, und die Eliten schickten jeweils ihre Kinder zur westlichen Ausbildung nach Den Haag oder Leiden....

Die Verbindung? Raden's Wissen über Tanz und die Körperfunktionen von uns Menschen ist einmalig, grossartig - und trotzdem ist dieses Wissen fast völlig verloren gegangen, in so vielen Jahren des Lernens und Lehrens erarbeitet - ihr Leben in der Résistance in Frankreich und die Folgen daraus erschütterten ihre gemeinsame Lebensgrundlage so gründlich, dass nur Fragmente davon geblieben sind. Meine besondere Freude darin: Ich konnte die Anlage in Lehman Brothers – empfohlen von meinem Anlageberater damals – mit viel Intuition umwandeln in die Übersetzung und Herausgabe des Buches von Raden, und damit war gleich doppelter Schaden abgewendet.

Ein Zitat aus ihrem Buch:

Es gibt nur drei grundlegende Zustände des Seins,
sie sind innig verbunden miteinander.
Ein Zustand ist immer gegenwärtig,
und er liegt den anderen beiden zugrunde:

Es sind dies:
der Grundlegende Zustand
der Natürliche Zustand
der Fragende Zustand.

Die Verbindung zum Tages-Anzeiger? Raden weist in ihrer besonderen Sichtweise auf eine Parallele hin – wir Menschen sind die ausdrucksfähigsten Wesen auf dieser Erde, wir nutzen die Fähigkeit zur Sprache. Hier spielt die Zunge eine ganz zentrale Rolle, sie wurzelt tief in unserem Rachen und ermöglicht unseren Ausdruck in Form von Worten und Tönen, derart beweglich und vielfältig!

Und dann zeigt Raden etwas auf, was mir erst dank ihr klar wurde – auch wenn ich eine Reihe von Jahren Flamencotanz gelernt und das Umsetzen von Bewegungen so oft geübt hatte.

Raden beschreibt in mehreren Kapiteln ihres Buches die Form und die Funktion des Zwerchfells – es ist eine 'Trennwand' zwischen unseren oberen und unteren Organen, so würden es die meisten Ärzte und Gelehrten beschreiben.

Doch Raden beschreibt viel lebendiger – sie erinnert uns an etwas, das für uns als Jugendliche so selbstverständlich war, dass wir nie darüber nachdenken mussten, es war einfach klar:

Unser Zwerchfell ist genau gleich strukturiert und aufgebaut wie unsere Zunge – und noch mehr – es hat sogar genau die gleiche Funktion wie die Zunge.

Das heisst: Wenn wir unsere Zunge als sprachlichen Ausdruck nutzen, könnten wir auch verstehen/lernen/vertraut werden mit der Tatsache, dass wir ebenso über eine Zunge verfügen, die uns den körperlichen Ausdruck ermöglicht, Tanz, Bewegung, Raumerfahrung... Raden beschreibt auch eine Anwendung davon:

Unsere Ohrläppchen sind wie kleine Flügel,
sie bedecken, nach hinten, die Höhlen, in denen
Klänge aufgenommen werden.

Tiere, Urvölker und jene, die ihre Traditionen lebendig halten,
strecken diese Ohrläppchen nach hinten, wenn sie lauschen.
Diese Bewegung hilft, dass sich die Augen weit öffnen.
Sie hält die Saiten der Nerven frei, von den
Netzhäuten her bis zu den Zentren der Aufmerksamkeit,
so dass sich Sehen und Klang koordinieren können.

Von den Höhlen der Ohren aus ist da,
nach unten gerichtet,
eine direkte Verbindung zu den Fersen.

Im Busch ist es lebenswichtig, tief aufmerksam zu sein
gegenüber dem, was sich um uns herum bewegt.

In jedem Augenblick bereit, Fersengeld zu geben,
in kürzester Zeit.

Nun, liebe Freunde, versteht Ihr meine Dankbarkeit und Freude? Vor drei Stunden war hier noch nichts, ausser dem Aphorismus, der dieses Kapitel einleitet – und jetzt, kurz vor Mittag....

Raden hat so viel persönliches Leid erlebt, ihr lieber Sohn Bhimo, in den sein Vater Raden Mas Jodjana alle Hoffnung gesetzt hatte, starb im Konzentrationslager, so jung – es brach auch das Leben des grossen Tänzers.

Und dann nimmt Raden Ayou Jodjana ihr Versprechen gegenüber ihrem Impulsgeber aus dem ersten Weltkrieg in London ins Zentrum ihres Lebens, löst es ein und erarbeitet dies hier!

Die mitfühlende Mutter nimmt damit nicht nur die Angst vor dem Skalpell des menschlichen Denkens, sondern schafft darüber hinaus einen vollkommenen Schutz, den jeder einzelne Mensch für sich nutzen kann, massgeschneidert für die Bedürfnisse jedes Einzelnen! Welche Grösse!

Liebe Freunde, ich wünsche mir, dass Ihr 'die mitfühlende Mutter' auch metaphorisch versteht, eine menschliche Grösse, die sich nicht an unserem Rollenverständnis (und Rebellion dagegen) orientiert, eine 'Mahatma'-Eigenschaft, die in jedem einzelnen Menschen gleichermassen angelegt ist, lange vor dem Einpassen in gesellschaftliche Rollen.

* * *

Doch, meine Arbeit am Buch: Wie können wir uns den Zugang zu dem hier schaffen und sichern? Was brauchen wir dazu? Zuerst eine 'gesunde Gesellschaft'? Welche Gesellschaftsform? Welche Voraussetzungen? Welche Hilfen? Was für ein abenteuerliches Buchprojekt, absolut wunderbar!

Und schon wieder finden wir uns bei den schönsten Fragen - von einer neuen Seite her - es gibt nichts, was mir mehr Freude machen könnte. 'Inneres Leben' ist so lebendig, wenn wir ihm den Raum dazu schaffen - es inspiriert jeden einzelnen unserer Tage mit Neuem, Frischem, noch nie Dagewesenem.

* * *

Das Zwerchfell als Trennwand zwischen oberen und unteren Organen in unserem Körper? Das ruft doch gleich noch nach einer zweiten Beobachtung:

Unser Herz hat eine doppelte Funktion auf der Ebene der Gefühle: Es arbeitet wie ein doppelter Spiegel - entweder widerspiegelt es die Eindrücke der äusseren Welt, oder aber es widerspiegelt das, was aus der Tiefe unseres Inneren kommt.

Die Essenz aller Wissenschaft ist die Antwort auf die Frage: 'Wer bin ich am Tage des Gerichtes,

und was wird aus mir werden?'

Liebe Freunde, wieder ist es etwas Kleines, Unverhofftes, das uns eine neue Richtung gibt, mitten im Schreiben, mitten im Lesen: Ich war bei der DH, halbjährliche Überprüfung meiner Sorgfalt im Zähneputzen, allgemeiner Befund: Nicht schlecht gearbeitet...

Das war der äussere Anlass, doch unser Austausch ging um die Sorge einer Mutter, ihr hing noch ein Dialog mit ihrem Sohn in der Erinnerung nach - das Resultat davon war auf beiden Seiten nicht so klar, wie beide es sich gewünscht hätten. Der Sohn, gerade am Übergang von einer Primarschulstufe zur anderen, kam mit einem Papier aus der Schule nach Hause - da ging es um Einstufungskriterien - und er sollte sich darin selber zu seinen zukünftigen Neigungen und Talenten äussern, um entsprechenden Unterricht erhalten zu können.

Versteht Ihr, liebe Freunde? Da schlummert etwas in einem Kind, seine Neigungen und Talente, sie warten darauf, 'von der Welt erkannt zu werden', das heisst ja zuerst einmal, von den eigenen Eltern, und dann, im Einklang damit, auch von den Lehrern, die dafür leben, Neigungen und Talente zu fördern.

Und wenn das Kind dann vor so einem Papier steht - wie soll es etwas beurteilen können, das es ja erst im Embryozustand seiner eigenen Neigungen und Talente wahrnimmt?

Da stehen wir vor einer echten Problemstellung unserer Tage, liebe Freunde - aus diesem Grund habe ich auch diesen Aphorismus hier zum Titel unseres Kapitels gemacht - das handeln wir nicht in fünf Minuten ab....

* * *

Die grosse Dynamik des Sommers hat eingesetzt, Werte und Ereignisse beginnen sich zu überschlagen... Wer uns da eine Haltung aufgezwungen und die gemütlichen Werte unseres Europa hat umschlagen lassen, steht nun von einem Tag auf den anderen mit dem Rücken zur Wand und schreit in Not: 'Ein Dolchstoss in den Rücken!'... Er hat ihn ja gesucht, den Dolch, und wundert sich nun, dass er sich gegen ihn gewendet hat? So naiv können wir ja nicht sein, eigentlich - sagt der 73-jährige Senior - und geht seinen Nachforschungen und Gedankengängen nach - willkommen, wenn Ihr dabei sein wollt.

Für diese Zeit hier, gegen Ende Juni, da müssen wir unser Verhalten gegenüber der äusseren Welt ganz anders an die Hand nehmen als im Januar, oder im Mai... Halten wir die Überfülle auf der geraden Linie, der wir folgen wollen!

Wenn das angesprochene Thema wirklich aktuell ist, so laufen uns die Hinweise dazu hinterher - oder liegen vor uns eines Papiers, das ich eben aufgelesen habe. Heute ist Samstag, da besuche ich jeweils meine alten Freunde in Zürich - hier habe ich schliesslich ein Vierteljahrhundert lang gelebt, mit ihnen so viel geteilt.

Und als ich bei meiner früheren Wohnung vorbeikomme, was liegt da vor mir, in der Rabatte vor dem Hauseingang? Eben, ein amtlicher Brief Absender ist die Schule im Kreis 4, eine Frau, zuständig für psychomotorischen Abklärungen.

Die Empfänger sind eine junge Familie, offensichtlich Emigranten, nicht näher beschrieben, doch sie konnten ebenso offensichtlich gar nichts anfangen mit diesem Brief, deshalb ist er wohl in der Rabatte draussen gelandet, gerade vor meiner Nase.

Was ist der Inhalt des Briefes? Er gehört in unser Kapitel, kurz zusammengefasst, die Frau vom Amt gibt sich grosse Mühe, den richtigen Ton zu finden für ihre Absicht, sie schreibt:

'Liebe Familie S....,

Wie Sie ja auch von der Klassenlehrerin Ihres Sohnes A..., Frau P.... wissen, lade ich Sie hier ein zu einer psychomotorischen Abklärung für Ihren Sohn A....

So erwarte ich Sie also, gemeinsam mit Ihrem Sohn A.... am Donnerstag um 14.00h bei mir im Büro - Adresse siehe Briefkopf. Was wir tun werden, möchte ich Ihnen hier kurz beschreiben:

- Ich werde eine Stunde lang mit A.... spielen.
- Dann werden wir gemeinsam eine Stunde lang besprechen.

Ich freue mich darauf, Sie und Ihren Sohn A... kennenzulernen und danke Ihnen dafür, dass Sie am Donnerstag pünktlich da sein werden - mit freundlichen Grüssen'...

* * *

Eine alltägliche administrative Massnahme der Schule - und trotzdem kommt sie bei den Eltern dieses Kindes nicht an? Was befürchten sie wohl? Nun, liebe Freunde, ich habe ja selber unterrichtet, beurteilt, Unterscheidungen gemacht, was Wissen und Verhalten angeht, ein halbes Leben lang - und da ist es ja naheliegend, dass ich mich auch mit den kulturellen Grundlagen dahinter befasst habe - dank Hugo, er war einer unserer Lehrer an der KME, Kantonale Maturitätsschule für Erwachsene, schon lange her.

Er sagte dazu Beeindruckendes: 'Wir finden bei allen indigenen Völkern die sogenannten 'Initiationsriten', den Übergang vom Kinderleben in das Erwachsenenleben. Da steht eine Prüfung vor ihnen, mit dem Wandel ihrer körperlichen Fähigkeiten, und da gilt es zu bestehen. Nach dieser Prüfung, mit Tätowierungen oder Schnittnarben an Körper oder Gesicht, ist der Beweis erbracht, dass diese Jungen nun Erwachsene sind - und dann ist ihr Status für ihr ganzes Leben nie mehr Thema, nie mehr angezweifelt; sie sind anerkannte Erwachsene, mit allen Rechten und Aufgaben.

Doch unsere zivilisierte Gesellschaft ist da ganz anders aufgebaut: Wir verlängern diese Zeit der Initiation, des Zweifels über unsere Identität, vom Kindergarten bis zum Ende unseres Studiums, unseres Lehrabschlusses, über neun, zwölf, fünfzehn Jahre hinweg, immer wieder von Neuem von Aussen beurteilt - und die Funktion der Lehrbeauftragten (immerhin mehr als 60% eines Gemeindebudgets) absorbiert sich regelmässig in ihrer Verantwortung als 'Fraktionierende', so ist ihre Neigung natürlicherweise in allen Lebenslagen sehr ausgeprägt, Unterschiede finden und festmachen zu können, in Form von Verfügungen, Massnahmen-Ursache von Konflikten, sie entstehen, weil sich ihr Status im Leben am 'Fraktionieren' orientiert, orientieren muss, ohne Aussicht auf andere Verhaltensweisen - Nährboden für Symbiosen aller Art.

Hugo war ein grossartiger Freund, er unterschied sorgfältig zwischen Weisheit und Intellekt - in den letzten Jahren seines Lebens litt er an Parkinson. Als ich ihn nach vielen Jahren zufällig einmal in Zürich antraf, unten im Shopville, beschrieb er mir bei einem Kaffee, wie er sich nun fühlte, mit dieser Realität: 'Es fühlt sich an wie Gefangensein im eigenen Körper' - doch seine Befreiung aus diesem Gefängnis war begleitet von ganz wunderbaren Umständen, wenige Jahre später.

* * *

Liebe Freunde, wenn ich solche Überlegungen und Erinnerung mit mir herumtrage, so werden die Menschen, die ich unterwegs antreffe, ob in Tram oder Zug, wie Spiegelbilder dieser Betrachtungen, ich stelle mir dann vor, wie sie sich wohl verhalten werden, wenn plötzlich solche Inhalte vor ihnen stünden, ob als selber Betroffene, oder als Eltern von Kindern.

So lag/sass ich auf dem Zahnarztstuhl, als die Dentalhygienikerin auf einen empfindlichen Zahnhals traf, unten links, der Hochdruckstrahl wirkte wie ein Blitz - er schüttelte zwei Worte hervor, einfach so, ohne besonderen Anlass:

Alte Seelen - Junge Seelen

Liebe Freunde, Ihr kennt diese Beschreibung sicher auch, ein Kriterium, das in unserem Leben immer wieder sichtbare Beispiele zeigt, in jedem Alter - und doch wissen wir oft nicht, wie wir diese beiden Begriffe auch sinnvoll in unser Leben einfügen können.

Wenn ich nun, auf 'meine alten Tage hin', wieder im Dorf meiner Kindheit lebe, nach fünfzig Jahren in ganz anderen Lebensverantwortungen, an ganz anderen Orten, so beziehe ich mich natürlich auch darauf, mit viel Verständnis dafür, dass die Überlegungen hier in diesem Buch ihre Zeit brauchen werden, um nicht zuerst durch den fraktionierenden Wolfsmechanismus getrieben zu werden – da ist Ya Sabur – Ya Batin ebenso hilfreich.

Wo waren wir? Ah ja, beim anderen Tages-Anzeiger-Titel, gestern im Café Neumarkt: 'Eine Berufsgattung meldet sich, ihr Wert ist viele Jahre lang nicht anerkannt worden – die Buchhalter und Controller einer Firma; sie wollen endlich auch die Möglichkeit haben, sich 'Dr. Buha' nennen zu dürfen, oder zumindest 'Bachelor Buha', mit entsprechendem Diplom mit Unterschrift an der Wand. Versteht Ihr, liebe Freunde, was wir hier thematisieren?

Es könnte enorme Trauer verursachen, eigentlich, doch nicht bei mir, ich stelle vor solch latente Trauer ein neues Lied, arbeite besonders sorgfältig daran, am Text, und auch an Rhythmus und Harmonien – da liegt viel Raum drin, auszugleichen, auszuheilen, Wieder-Herstellen von ursprünglicher Freude am Gestalten...

* * *

Was ich mir wünschen würde, natürlich: Dass wir in unserem Verständnis vom Lernen und Lehren das Element *Alte Seelen-Junge Seelen* auf eine Weise ins Alltagsleben holen könnten, dass es Sinnbringendes ermöglichen kann, Versöhnendes, Erkennendes, uns ermöglichen könnte, Mängel ohne Prestigeverluste aufarbeiten und korrigieren zu können, gemeinsame Aufgabe aller, ohne Unterscheidungen und Verschiedenheiten.

Max Frisch versuchte, dies einmal auf höchst intelligente und witzige Art zu beschreiben: 'Don Juan oder die Liebe zur Geometrie' – das war Schulstoff an der KME, vor 46 Jahren, danke, lieber Hugo!

Morgen Mittwoch treffe ich mich wieder einmal mit Franco; viele Jahre haben wir nicht mehr ausgetauscht, er war Lehrer und später viele Jahre lang Schulleiter in Winterthur – wir hatten gemeinsam den 'Don Juan' gelesen, als Antwort auf Hugos Impuls – das wird ein wunderbarer Austausch werden, ich freue mich.

Heute, Montagmorgen, bin ich früher als sonst unterwegs, ein Arzttermin, 08.15h nüchtern, zur periodischen Kontrolle...

Primarschüler sind unterwegs zu den Schulhäusern, ihre Rucksäcke sind grösser als der Schulthek, die wir vor 65 Jahren mit uns trugen... Die meisten schon putzmunter, tauschen untereinander aus, ganz in ihrem Element – Freude an einem neuen Tag.

Beim Kirchweg kommt mir ein kleines Mädchen entgegen, ihre dunklen Kraushaare zu einem Zopf geflochten. Etwas ängstlich fragt es: 'Wissen Sie, wie lange es noch geht, bis es läutet?' Ich schaue auf die Kirchenuhr, sage: 'Etwa sieben Minuten'... Es fragt zurück: 'Wie lange ist das?' und versteht gleichzeitig, dass ich keine Antwort weiss darauf – so erklärt es genauer: 'Ich muss nochmals nach Hause, etwas holen.'

'In welches Schulhaus musst Du dann?' frage ich meinerseits zurück. 'Ins Töss', ist die Antwort, und nochmals ihr fragender Blick... Weil ich verstanden habe, dass ihr Zuhause nicht weit weg liegt, beruhige ich sie: 'Ich denke, wenn Du jetzt zügig gehst, wird es schon reichen'... Die Kleine lächelt und ist mit Schwung unterwegs, vergisst das Gewicht, das sie auf dem Rücken trägt...

* * *

Die Essenz allen Wissens ist die Antwort auf die Frage: 'Habe ich mein Leben ernsthaft gelebt, vollständig, war ich bereit, anderen Menschen Umstände zu schaffen, dass sie sich bei mir wohlfühlen, Vertrauen in mich haben können? Habe ich meine Möglichkeiten und Fähigkeiten genutzt? Bin ich zu guter Nahrung geworden für den Freund?' Woran messe ich dies?

Wir haben unsere etablierten Kriterien und Werte, fest gefügt zu dem, was wir als unser 'Gemeinwesen' betrachten, mit Verwaltung, Gemeinderat, Institutionen um uns herum, wir gestalten sie auch gemeinsam.

Bei uns leben *Alte Seelen* und *Junge Seelen*. Erkennen wir sie?

* * *

Werde stark ohne Gewalt, und werde sanft,

ohne deshalb verletzlich zu werden...

Liebe Freunde, der gestrige Nachmittag schwingt noch nach, lange Spaziergänge und Austausch bei der Fischerstube, da waren all unsere Freunde und Weggefährten aus jener Zeit mit uns dabei; wir hatten, um das Jahr 1975 herum. eine sehr lebendige gemeinsame Reise erlebt.

Franco hat davon sehr viel bewahren können, nutzen können auf seinem Lebenspfad - eindrücklich zu hören, wie er seine Jahre als Schulleiter genutzt hat! Seht Ihr, was uns gemeinsam ist?

Wenn ich es beschreiben wollte: Wir haben ein gemeinsames Sensorium dafür, was *Alte Seelen* vielleicht von *Jungen Seelen* unterscheidet. Ich vertiefe hier etwas - willkommen, wenn Euch der Titel des letzten Kapitels nicht so vehementes 'apokalyptisches Muffensausen' verursacht hat, um sofort Fersengeld zu geben.

Nun sind es bald fünf Jahre, dass ich wieder hier im Dorf meiner Kindheit wohne - und was nicht leicht zu verstehen ist, auch heute mit 73 Jahren nicht - ein solch freundschaftlicher, ernsthafter Austausch über unser Leben hier war mit meinen ehemaligen Schulkollegen noch nicht möglich. Ich wünsche mir sehr, dass ihr Vertrauen noch so ausreifen wird, dass diese Themen gemeinsam ansprechbar werden. Das ist noch nicht so.

Was schön ist: Ich verstehe, weshalb dies für sie alle noch nicht möglich ist, weder für Ruedi, noch für Ernst, noch für Susanna, noch für Roger, noch für Marcel, noch für Renate, noch für Reto, Oliver, Willy. So umkreise ich mit jedem einzelnen Kapitel diese Möglichkeit, mache sie für uns alle spürbar, nachvollziehbar, wie ein gut trainierter Bordercollie, wenn er in den schottischen Highlands die Schafe zusammentreibt....

* * *

Natürlich ist solches Schreiben hier für mich auch immer wieder Gelegenheit, meine eigenen Überlegungen zu überprüfen...

Was unterscheidet *Alte Seelen* von *Jungen Seelen*? Eine von vielleicht hundertein möglichen Beschreibungen könnte sein: *Alte Seelen* haben schon die Erfahrung gemacht, dass Leid eine Qualität beinhaltet, die zum Leben gehört - Murshid beschreibt sie so:

Unser Herz lebt noch nicht,
solange es nicht Leid erfahren hat.

Ursache von Dunkelheit
ist die Unlebendigkeit des Herzens;
Leid macht es lebendig.

Wenn wir noch kein Leid erfahren haben,
ist uns auch wirkliche Freude fremd;
Freude und Leid sind füreinander da.

* * *

Eine solche Erfahrung öffnet uns eine Tiefe des Verständnisses, zentraler und starker Motor in all den Jahren - und meine Freude war, ganz sporadisch, manchmal nach vielen Jahren des Wartens und Zweifelns, dass ganz regelmässig, immer wieder, solche Menschen Gefährten meines Lebens wurden - ich erzähle ja Euch von ihnen hier - und sie sind mir heute so nahe, wie wenn sie nicht schon vor zwanzig, oder siebzig, oder hundertfünfzig Jahren gestorben wären. Keine Einsamkeit mehr möglich in diesem Leben, welche Freude!

Die vielleicht zentralste Beschreibung für meinen Alltag kam einmal von Hidayat - er bezog sich auf diese leidige, immer an Ort drehende Diskussion um Dominanz der Geschlechter - was wir nicht schon Abende lang die 'Arena' besetzt haben damit! Wir lösen so das Thema aus der 'Arena' heraus - er sagte: 'Natürlich kann expressive Energie auch gnadenlos zerstören, - wie wir es gerade wieder erleben. Und so bedeutet *Mann sein, Frau sein* für beide gleichermassen:

Wenn wir wissen, dass uns diese Energie zur Verfügung steht, in so vielen Formen, so ist unsere gemeinsame Verpflichtung, erspüren zu lernen, was diese beim Adressaten verursachen wird, bevor wir sie einsetzen wollen – mit einer Metapher beschrieben: Bevor der Pfeil meinen Bogen verlässt auf seiner Flugbahn, ist es meine Verantwortung, zuvor spüren zu können, was dieser am Ziel verursachen wird, ob er Verheerung auslösen wird, oder ob er eine Gefahr abwendet.

Solange ich mir diesem Erkennen nicht sicher bin, werde ich meinen Pfeil zurückhalten, Ya Saburo, Ya Batino.

Dies sind vielleicht die Eigenschaften, die eine Alte Seele von einer Jungen Seele unterscheidet. Verstehst Du, Renate: Wir können nicht ausgereifte Früchte erwarten im Juli, nicht, wenn sie bei uns gehegt und gepflegt worden sind, kannst Du dies erkennen?

Wir sind uns ja sicher alle bewusst, dass bei uns Alte Seelen leben, die sind vielleicht fünf Jahre alt, gehen bald zur Schule – und eine Junge Seele hat vielleicht schon 61 Erdenjahre gelebt und sitzt in der Schulpflege... Da verbirgt sich ungelebtes Leben.

Sobald wir etwas Übung haben darin, eine *Alte Seele* wirklich wahrzunehmen, geschieht etwas ganz Wunderbares in uns selber: Wir beginnen, Leid als etwas wahrzunehmen, das sichere Reife bringen wird, etwas Heiliges für diesen Menschen, der leidet – und dann werden wir beginnen, alles daran zu setzen, solche Reifungsprozesse nicht zu behindern, im Gegenteil zu unterstützen, zu beschützen; und wir werden unsere Leben, unsere Entscheidungen danach ausrichten, dass dies möglich wird.

* * *

Nun, liebe Freunde, aus meiner Sicht sind nun in diesem Buch alle Elemente versammelt, die dem Leuchtturm einen stabilen Ort verliehen haben – die Hafenmauer der alexandrinischen Küste, Obelix lässt grüssen! Und so können wir uns dem widmen, was unser Leben so spannend macht:

Wie werden nun all diese Elemente hier in unserem Alltag zum weiten Feld, das wir gemeinsam bebauen können? Wir werden ja täglich mit Alten Seelen, mit Jungen Seelen zusammenarbeiten, lernen, ihre Gedankengänge, ihre Empfindungen nachvollziehen lernen - zum Beispiel ganz konkret bezogen auf die heutigen Schlagzeilen, in beiden grossen Tageszeitungen der Schweiz:

Die UBS, unsere neue 'Superbank', wird in den nächsten Monaten insgesamt mehr als 20'000 Stellen abbauen, um sich an dem, was sie notfallmässig übernommen hat, nicht zu verschlucken.

So etwas geht mich im Zentrum meines Lebens etwas an - ich kenne eine ganze Reihe von Menschen, die nun vor sehr tiefgreifenden Umwälzungen in ihrem Leben stehen - und die gleichzeitig auch die Stabilität unserer Gemeinde stützen müssen - Teil ihrer multiplen Funktionen, auf die sie sich eingelassen haben.

So wäre es mehr als sinnvoll, wenn wir nun die Erkenntnisse des ersten Halbjahres zu ernsthaftem Austausch nutzen sollten, Willy, Oliver, Roger, Marcel, Renate: Welche direkten Auswirkungen haben diese Umwälzungen für Euch, wie wollt Ihr Euch erneuern in Euren eigenen Funktionen, die ja seit vielen Jahren starr im gleichen Korsett steckengeblieben sind, und Ihr alle seid einfach nur älter geworden? So etwas wird Antwort auf den Vertrauensvorschuss, den uns Menschen geben, wenn sie uns in diese Funktionen wählen...

Als Vorbereitung darauf habe ich Reto eine Aufgabe vor ihn hingestellt: Was meinst Du, wenn Du dieses Jahr 2023 die 1.-August-Rede halten würdest, oben auf dem Hügel über dem Sternenweiher? Bereite Dich vor, ich traue Dir dies zu, sicher!

* * *

Meine persönliche Freude: Mitten in diesem Leben geben mir die Umstände eine wunderbare Möglichkeit - die schönsten Lieder für den Seniorenabend im Altersheim Bullinger vom Herbst auszusuchen und zu arrangieren. Vor zwei Tagen erwachte ich mit einer Melodie - und sie ist zur Arbeit geworden - Solvejgs Lied für Peer Gynt, wunderschöne Komposition von Edvard Grieg.

Solvejg besingt ihre Liebe und Treue zum jungen Peer, der sich dafür schämt, dass sein Vater den Bauernhof heruntergewirtschaftet hat und zuviel trinkt - Peer segelt in der Welt herum, um seine Scham irgendwie fassbar zu machen; er hofft, sie vielleicht eines Tages noch umwandeln zu können in etwas, das ihn der Liebe Solvejgs würdig machen würde...

Nun, liebe Freunde, solche Dinge geschehen ja nicht nur weit weg, im hohen Norden - auch wenn wohl die norwegischen Fjorde Edvard Grieg sicher Raum für diese Schönheit geschaffen haben....

* * *

Werde stark... und werde sanft...

Wir kommen beidem sehr nahe, wenn wir uns auf die wirklichen Fragen unseres Lebens auf intelligente Weise einlassen - von Zeit zu Zeit öffnet uns die Bestimmung ein einmaliges Fenster, winkt uns von Weitem zu, schaut, hier habe ich Euch etwas, nutzt es!

Das war irgendwann letztes Jahr: Das chilenische Volk hatte sich in einer Gigantenarbeit eine neue Verfassung erarbeitet - sie war in Form eines PDF vom Internet herunterladbar. Natürlich tat ich dies, erkannte sofort, wie weit das Fenster war, das uns Richterswilern so viel frischen Wind bringen kann.

Ich übersetzte die ersten fünfzig Seiten ins Deutsche, schickte Ruedi eine Kopie davon und schrieb dazu: 'Ruedi und Esther, Ihr könnt Euch unsterblich machen in der Erinnerung der Dorfbewohner - nutzt Euer Privileg, einen wunderbaren Chüngensaal einfach so zur Verfügung zu haben, öffnet ihn für zwei Abende im Monat für alle Interessierten und bietet an:

Wie entstehen Verfassungen? Ein Vergleich zwischen der neuen chilenischen und der schweizerischen Verfassung - so lange bewährt - wir vergleichen die beiden Präambeln, und dann Schritt für Schritt, die Artikel 1 bis 10 am ersten Abend - dann je nach Interesse der Bevölkerung alle weiteren Artikel, vergleichen, kommentieren vielleicht - und erwarten nichts weiter von den Besuchern, bewirten sie und geben ihnen, herzlich und liebevoll, Nahrung dafür, was sinnvolles Leben auch an Arbeit beinhaltet'....

Wenn ein Vogel sich auf einen Berg setzt

und dann zu weit weg fliegt in seiner übergrossen Neugier,
so liegt weder Mangel noch Übermass beim Berg.

Liebe Freunde, heute Morgen erwachte ich mit einem verblüfften Gefühl - das Jahr ist sanft geworden, einfach so, seit zwei Wochen bewegt sich die Sonne wieder Richtung Süden - von unserer Optik aus betrachtet - alle Wesen, Pflanzen brauchen ihre Zeit, sich an diese neue Bewegung zu gewöhnen und ihr folgen zu können...

Wenn sie dann für alle spürbar wird, wunderbar - nun werden auch all die Dinge, die gequetscht und übervorteilt wurden, sich erholen und ihre Sprache wiederfinden können, Ya Saburo - Ya Batino.... Nicht für alle gleichermassen leicht erreichbar jedoch.

Gestern Abend hatte ich noch folgenden Satz notiert, auch den Anlass dafür:

'Gib dem Leben, was das Leben von Dir fordert, gib ohne Reue, Groll oder der Absicht, eine Gegenleistung dafür zu erhalten - und schaffe Dir dazu ein Reservoir, um immer geben zu können...'

Konkreter Anlass dafür: Wir haben gerade eine Ankündigung unserer Verwaltung erhalten, dass der Mietzins ab Herbst höher sein wird. Diese Ankündigung fordert von mir ein vollständiges Umschichten meiner Mittel - alle Aspekte neu anschauen, einordnen, gewichten. So oft habe ich dies nun erlebt, dass ich mich darauf freue, wieder neue Nischen zu entdecken, bei mir selber zu überprüfen: 'Ist das, was Du hier ausgibst, wirklich so zentral, wie Du es bisher betrachtet hast?'

Und ein alter Salsa-Song von Ruben Blades springt aus dem Inneren hervor: *Decisiones, todo cuesta, alguien pierde, alguien gana, Ave Maria - Entscheidungen, alles hat seinen Preis, der eine verliert, der andere gewinnt, Ave Maria...*

Was mir sofort klar war: Soll ich die Verwaltung und den Hausbesitzer als 'dem Berg zugehörig' betrachten oder nicht?

Ja, klar, ich sehe sie als Teil des Berges - kein Grund für Unruhe im Inneren...

Dies ist eine Form des 'positiven Resignierens' (ich versuche, die adäquaten Worte zu finden). Es beinhaltet viel mehr, als wir auf den ersten Blick erkennen können. Vor ein paar Jahren war bei mir das Gefühl der Not viel akuter, es ging um das Gleiche, meine Empfindung, wirklich alles zu verlieren, was 'mein Leben' ausmacht, ging sehr tief.

Und, o Wunder, mein Herz begann dann seine Fähigkeit zu nutzen, 'doppelter Spiegel' zu sein; mitten in der Nacht zeigte es mir all die Szenen, wie was beschützt werden kann. Und in der Tat, genauso wurde es dann, und so kann ich mit viel Freude an unserem neuen Buch weiterschreiben...

Wir müssen ja auch lernen, wie wir diesen Spiegel polieren können, wenn er Rost angesetzt oder sonstwie verschmutzt wurde – doch uns werden ja, den meisten zumindest, so viele Jahre dafür zur Verfügung gestellt, da können wir jeden einzelnen unserer Mängel sorgfältig betrachten und Schritt für Schritt ausbessern.

* * *

Und wieder einmal eine kurze Nachricht auf irgendeinem Ticker - breaking news - die Niederlande haben entschieden, die Kunstwerke aus ihrer Kolonialzeit an Java zurückzugeben... Raden Ayou Jodjana, es würde mich sehr interessieren zu verstehen, wie Du heute darüber denkst, Du selber warst ja Baskin, und Deine Verbindung mit Java kam dann viel später.

Was mich auch interessieren würde, liebe Freunde: Wie denkt Ihr darüber? Aus meiner Sicht ist dies eine ganz zentrale Frage für unsere gemeinsame Zukunft, viele Entscheidungen in meinem Leben drehten sich um diese Frage: 'Wie gehen wir mit den Verletzungen und Übergriffen von uns Menschen um, wie 'arbeiten wir sie auf'?

Unsere Gemeinde hat eine Form gewählt, äusserlich scheint sie gut, anerkannt; die Folge ist, dass Marcel froh ist, 'diesen Teil unserer Dorfgeschichte abhaken zu können', zwischen zwei Buchdeckeln festgemacht. Nichts falsch daran, sich an dieser Form festhalten zu wollen.

Wenn ich meine eigenen Erfahrungen damit vergleiche, komme ich einfach zu einem anderen Schluss; er ist auch nicht so leicht zu beschreiben, die Worte greifen hier meistens einfach zu kurz – nur ein kleiner Hinweis darauf: Vor etwa fünf Jahren träumte ich von unserem Vater, ein sehr freundschaftlicher, liebevoller Traum (er ist im Jahre 1998 gestorben, schon einige Zeit her).

In diesem Traum kam er her und sagte: 'Es würde mir Freude machen, mit Dir einmal singen zu können'... Und ich hatte nicht einmal an ihn gedacht, war beschäftigt mit etwas, das ihm in seinem Leben hier im Dorf immer auf das Herz gedrückt hatte.

Worauf ich hinweisen will, natürlich, liebe Freunde: Gelebtes Leben und gelebte Geschichte werden sich nicht zwischen zwei Buchdeckel erschöpfen – da ist ein anderer Aphorismus unseres Freundes um vieles genauer, er sagt:

Ein Buch ist wie ein Brief,
an die Zukunft gesandt.

Und so ist mein Ideal beim Schreiben leicht abzulesen: Es sollte nichts in diesem Brief stehen, der sich dieser Zukunft als unwürdig erweisen sollte, da ist viel Achtsamkeit gefragt. Mögen mir die vielen wunderbaren Beispiele aus der ganzen Welt Orientierung sein, ob in Form von Noten oder Buchstaben, insh'allah!

* * *

Liebe Freunde, diese Tage hier fühlen sich wie ein Abschied an – es gibt keinen wesentlichen äusseren Anlass dafür, doch trotzdem ist dieses Gefühl da – es zeigt sich auch daran, dass nun die USA entschieden haben, Streubomben in das Konfliktgebiet zu liefern, auch wenn wir mit aller Vernunft wissen, was dies bedeutet. Der Verteidigungsminister blendet einfach aus und sagt: 'Aus genau diesem Grund haben wir auch so lange gezögert mit dem

Entscheid...' Die Bemühungen, Balance in unsere Haushalte zu bringen, haben eine Amerikanerin nach China reisen lassen, und der türkische Ministerpräsident steht unverhofft in einem neuen Handlungsfeld, mit neuen Optionen...

Viele der Akteure rund um die Auflösung der zweitgrössten Schweizer Bank tun sich zusammen, um sich noch die besten Stücke zu sichern, beschämend, flach, richtungslos; es fühlt sich an, wie wenn die Welt wieder mit dem Rückwärtsgang steckenbliebe - und ich kenne nun so viele hier im Dorf, die ganz direkt davon betroffen sein werden, in den unterschiedlichsten Lebensbereichen.

Deshalb das Gefühl des Abschieds liebe Freunde, ich habe an diesem Wochenende auch meinen Vorrat an Schutzmasken entsorgt - eine habe ich behalten, als Souvenir, aus Stoff, schön gestickt.

Eine Trauer begleitet mich, nichts Wesentliches ist Auslöser, viele schöne individuelle Erlebnisse gleichen aus. Da fand ein Lyrik-Abend statt im Preisig-Keller - der Vortragende war sehr beschwingt und liess viel Flugraum zwischen seinen Gedichten, ganz exquisit!

Und eine 'Zukunftswerkstatt für Senioren' präsentierte ihre Ergebnisse - schön und erstaunlich: 150 Senioren machten sich alle auf den Weg, den Berg hinauf, um dabei sein zu können an dieser Auswertung, das Eindrücklichste daran: Vor einem Jahr, beim Start, waren viele, die sagten: 'In fünf Jahren, was soll mich das noch angehen, da werde ich nicht mehr hier sein'. Die erhaltenen Impulse haben diese Haltung verändert, das ist schön!

Gleichzeitig konsolidiert Europa die Unterstützung für die Produktion zum Nähren von Konflikten, unsere Verteidigungsministerin unterzeichnet eine Absichtserklärung mit Extra-Klausel, um die Schweiz besser beschützt halten zu können. Könnt Ihr mitfühlen, welche Trauer mich begleitet?

* * *

Doch heute, Samstag, da treffe ich wieder einmal unseren lieben Walter Kraushaar, ich erzähle ihm von meinem Fischer-Abenteuer hoch in den Bergen, am Maloja - und, o Wunder, er beschreibt mir seine Eindrücke von einem Ausflug, an den er sich nun seinerseits erinnert, in Silvaplana - da war er einmal mit einem Fischerfreund unterwegs und staunte, was dieser alles wusste darüber.

'Mein Fischer-Freund, der war ganz genial, der wusste so viel über die Fische, er spürte genau, wo sie waren, was sie taten - und ein anderer Fischer im Boot blieb völlig erfolglos, gleich daneben! Doch wir - Walti Kraushaar kam in Schwung - wir zogen jeder zehn wunderschöne Forellen heraus. Nur weil er wusste, dass sie bei diesen warmen Temperaturen lieber einen halben Meter tiefer ins Wasser abtauchten - dahin warfen wir dann auch die Köder, und unser Nachbar im Boot schaute ganz verblüfft aus der Wäsche.... Dann konnte er die Fische gleich noch alle perfekt filettieren - und ich fuhr wieder nach Hause nach einer Woche und legte unsere Beute in den Tiefkühler.

Das nächste Problem kam dann, dass ich nicht genau wusste, wie man Forellen zubereitet - so nahm ich eine Cognac-Flasche und badete die Fische in der Bratpfanne darin - noch etwas Salz und ein paar Kräuter dazu.... war das fein!'

Walter Kraushaar hatte mir meine eigenen Erlebnisse erzählt, wie wunderbar, kein Bedürfnis, ihm von meiner Trauer zu erzählen, das war viel zu schön...

* * *

Liebe Freunde, wie wollen wir vorbereitet sein auf die Dinge, die uns ja offensichtlich noch erwarten, wenn wir nicht wissen, wie wir unseren inneren Raum des Verstehenkönnens weiten können, um den Anforderungen genügen zu können? Unsere Zeit fühlt sich manchmal wie eine dauernde Dunkelkammer an; wundern wir uns darüber, dass junge Menschen sich als 'Last Generation' zu bezeichnen beginnen? Ich denke, es wird nicht so sein, doch kann ich ihr Gefühl der Aussichtslosigkeit leicht nachvollziehen.

Meine Arbeit am Buch, an den Kompositionen, wie schön ist es, dass mir diese Möglichkeit geblieben ist, bis heute, unermesslich dankbar dafür! So bin ich frei, jeden Tag, immer von Neuem, ob ich mich dahinwenden will, wo der Tigris fliesst, oder mich umdrehen und sehen, was sich in der Wüste tut? Beides möglich, mit grossem Mitgefühl und Sorgfalt!

So besuche ich wieder einmal unsere alten Freunde in Zürich, trinke meinen Kaffee bei Heini, tausche aus, gehe mir die Haare schneiden - und dafür spaziere ich durchs Niederdorf, sehr vertraut, komme an der 'Öpfelchammer' vorbei und muss schmunzeln - so viele Erinnerungen steigen hoch, unsere Abende mit Franco, Hugo und den Freunden aus jener Zeit, am langen Tisch, Wein und viel Schwatzen dazu, natürlich.

An der Decke des Lokals durchqueren ein paar imposante Holzbalken den Raum, einer liegt etwas tiefer und scheint abgenutzt, den Grund dafür erkannte ich eines Abends, als ein ziemlich angeheiterter Student sich an den Beinen an diesem Holzbalken aufhängte und kopfüber ein Glas Wein zu trinken versuchte....

Dieses Bild ging in die Tiefe meiner Erinnerungen: Shakespeare und die alten Minstrels: 'Master Piper's Galliard' von John Dowland hört doch mal hinein auf Youtube, liebe Freunde!

Was mir lebendig in Erinnerung blieb über die Lehrzeit der Minstrels, die mit ihrem Meister von Hof zu Hof zogen, um die Nachrichten und Lieder zu Menschen zu bringen, die sonst nie etwas gehört hätten über das, was sich in hundert Kilometer Entfernung auch noch tat... Caro Dimitri, mi manchi a volte, Du fehlst mir manchmal... 'Ora Valmaggina, dal scossà redond'...

Ein volles Jahr, oder drei, oder fünf Jahre lang lernte der Musiklehrling bei seinem Meister, alle Instrumente, alle Lieder, wusste, wo welche Lieder wann am besten ankamen, und welche er nur bestimmten Leuten vorsingen sollte...

Und wenn das Lehrjahr zu Ende war, so suchte sich der Meister einen Baum mit ein paar dicken Ästen, wie in der 'Öpfelchammer'.

Dann sagte er zum Lehrling: 'Nun umschlinge mit Deinen Beinen diesen Ast, und dann spielst Du mir alles, was Du bei mir gelernt hast, vor!'

Auf diese Weise absolvierte der Jung-Minstrel seine Lehrabschlussprüfung kopfüber, und der Meister schaute genau darauf, dass er die richtigen Töne fand, auch so, und ob ihm der Vortrag seines Jungen wirklich Freude hervorzaubern würde....

Die Symbolik darin, liebe Freunde? Ein wirklicher Musiker, eine wirkliche Musikerin soll völlig unabhängig davon, wie seine oder ihre persönliche Lage auch sein mag, Freude, Mut und Zuversicht bringen können in den Liedern! Und der Meister sparte nicht mit einem weiteren weisen Satz: 'Ein wirklicher Minstrel singt mit der Stimme eines ganzen Volkes, er/sie ist eins mit ihm, da passt kein Faden durch dazwischen'...

* * *

Und dann wieder das Alltägliche - auf Facebook gratuliert die Gemeindeverwaltung der jungen Generation, fünf Mitarbeiter und Mitarbeiterinnen, die gerade ihre Lehrabschlussprüfung bestanden haben. Ich ermutigte sie (mit Likes der Gemeinde) mit folgenden Kommentaren:

Gratuliere - da ist eine Tradition, die hat viel Wert - schön, dass Ihr sie lebendig erhält!

...und, lieber Gemeinde-Nachwuchs, in Eurer zukünftigen Arbeit für unsere Gemeinde:

Wenn Ihr Mängel entdeckt bei Euren Vorgesetzten - tratscht nicht herum, macht es nicht noch schwieriger - sondern bleibt bei einer Haltung der Reife! Das heisst im Alltag: Versteht, dass es ein Mangel Eurer/Eures Vorgesetzten ist, und setzt alles daran, dass die Gemeindebürger davon keinen Schaden erleiden, d.h. kompensiert diese erkannten Mängel mit eigener, höherer Kompetenz - das Resultat zählt, nicht die Position - wenn Ihr dies schafft, werden Euch Eure Vorgesetzten sehr dankbar sein.... lueged öi guet!

* * *

Du findest Weinberge, Gärten und grüne Felder in Deiner Seele...

..ihre äussere Wirklichkeit ist wie
eine Widerspiegelung auf dem Wasser....

Mein Gefühl des Abschieds gestern hat mich nicht getäuscht, es hat mir eine Vertiefung gebracht, eine Bewegung auf der vertikalen Linie – in solchen Situationen nehme ich gern den Zug ins nahe Einsiedeln – und putze mir mein Inneres so richtig konzentriert durch. Schliesslich ist irgendwie alles, was mein Leben betrifft, mit diesem Ort verbunden, egal wo immer ich lebte, ob in London, oder Sevilla, oder Budapest.

In diesen heissen Sommertagen – wir sind Mitte Juli dieses Jahres 2023 – da haben sich offensichtlich viele Dinge verschoben, im Grossen und im Kleinen – vor unserer Haustüre haben die Strassenarbeiter einen neuen Abschnitt der Reidholzstrasse aufgerissen, dafür den anderen gerade wieder neu geteert – so dass die Verkehrsführung anders verläuft und ich mich auf einer neuen Route ins Dorf aufgemacht habe – der Gölditobelweg ist auch angenehm kühl.

Und wiederum – wie für unser Buch hier – trete ich auf diesem Feldweg unverhofft in eine besondere Szenerie. Da sitzen am Rand des Weges, links und rechts, je etwa zehn Schüler auf dem Boden, haben Stift und Blatt Papier dabei, sie erarbeiten in freier Luft gerade etwas, das ihnen offensichtlich Spass macht und ihre ungeteilte Aufmerksamkeit beansprucht; sie hatten mein Kommen gar nicht bemerkt, ausser ein Schüler, der Zeichen geben wollte...

Das Besondere an der Szene: Der Lehrer, etwa vierzig Jahre alt wohl, Motor dieser angeregten Schulstunde, ist so vertieft in seine Aufgabe, den Schülern den Schwung dieser Freude zu erhalten, erkennt – ebenso auf dem Boden sitzend – nicht, dass er mir den Weg versperrt, er kehrt mir den Rücken zu, der Schüler, der Zeichen gab, erreichte sein Ziel offensichtlich nicht.

So wartete ich einen Augenblick, bis sich der Lehrer umdrehte und erkannte, was Auslöser war. Es war eine wirklich scherzhafte Situation, ich freue mich jeweils sehr über solch angeregte Szenerien....

So sage ich zum Lehrer: 'Schau mal, der Lehrer ist der Einzige hier, der den Weg versperrt!'

Und ebenso spontan antwortet der Lehrer: 'Ja, es ist ja schliesslich auch mein Job'...

Wir lachen beide, geben uns die Hand und ich sage: 'Hebed e gueti Ziit zäme!'

* * *

Auf dem gleichen Weg ins Dorf, etwas weiter unten, ist auch Ruedi unterwegs, heute Präsident des Bärenmuseums; früher war er viele Jahre Schulleiter in Samstagern. Ich lasse ihn seiner Wege gehen, hätte er die Tiefe unseres Austausches oben verstanden?

Vielleicht ist es möglich, wenn er dann irgendwann dieses Buch liest, so spontan hätte Ruedi nicht darauf eingehen können, noch nicht, er ist zu absorbiert in dem, worauf er sich eingelassen hat.

Liebe Freunde, das 'Feinvernetzte' in unserem Dorf wird dichter, tragfähiger und bleibt gleichzeitig sehr fein, nur für jene wahrnehmbar, die sich ebenso dafür interessieren und es pflegen...

Dies freut mich enorm, auch wenn es mir gleichzeitig auch aufzeigt, wie viel Zeit und Arbeit es brauchen wird, um diese innere Haltung zu Weinbergen, Gärten und grünen Felder werden zu lassen.

Dieser Aphorismus fordert von uns einen grossen Sprung, ihn verstehen zu können, er sagt: 'Das Innere Wahrnehmen ist das Wirkliche, da wo Leben entsteht - das äussere Resultat davon, eben wie Weinberge, Gärten und grüne Felder, die sind die äussere Widerspiegelung von dem, was zuvor im Inneren geschaffen wurde'...

* * *

Auch wenn Du Vernunft walten lassen kannst...

ist Deine Situation schwierig;
doch wenn Du nicht auf Dein Herz hörst,
bist Du hoffnungslos.

Ho, ho, ho, liebe Freunde - nun haben die Sommerferien begonnen - und wir stehen mitten in der Hitze dieses Jahres 2023 - an allen Ecken entzünden sich Brände - und wir versuchen, uns irgendwie davor zu schützen.

Auch die Intensität der Dinge um uns herum ist enorm, und mein Gefühl des Abschieds zeigt sich nun in einem weiteren Rahmen. Wenn wir so etwas erleben, ist es ja auch von zwei Elementen begleitet - das eine ist eine Furcht, etwas 'zu verlieren, das uns lieb ist' - und gleich nebenher hüpft auch das andere Element: 'So wunderbar, da geht etwas seiner Erfüllung entgegen, schöner und tiefer, als ich es bisher gesehen habe'.

'Wenn Du eine Arbeit angenommen hast, gehört es dazu, dass Du sie vollständig erfüllen wirst, unabhängig davon, wie wichtig oder unwichtig diese Arbeit auch sein mag, oder welchen Preis Du dafür bezahlen wirst' - etwas wirklich Schönes - das Gleiche, wie wenn wir am Strand ein paar Fussspuren folgen, die ein Unbekannter vor uns gelegt hat. Und noch viel schöner, wenn wir ihnen gefolgt sind, bevor die nächste Flut sie auslöscht.

Vor kurzem haben wir im Haaggeri-Saal in Samstagern die Resultate aus der 'Zukunftswerkstatt für Senioren' angeschaut - etwas Utopisches in unserem Dorf - die Skepsis der Teilnehmer bei der ersten Zusammenkunft vor einem Jahr war gross: 'Was, wir sollen uns Gedanken machen, wie Richterswil in vier, fünf Jahren aussehen soll? Das erste Mal in wie vielen Jahren? Bis dahin gibt es uns ja gar nicht mehr', war die erste spontane Reaktion von vielen.

Doch dann tat sich doch etwas, wir sammelten Merksätze, ordneten sie in drei Kategorien (was ist gut heute - was ist ungenügend - wie sollte/könnte es sein?)

In den verschiedenen Gruppen verstanden sich Einzelne halt - unser Thema aus dem vorherigen Kapitel - als legitimierte Zensoren, sie hatten nicht zugehört oder nicht aufgenommen: 'Keine der Aussagen, die wir entgegennehmen, ist illegitim, alle sind gleichermassen willkommen, ob realistisch oder utopisch - zur Zukunft gehört auch, uns Vorstellungen zu machen, was sein könnte.'

Sie taten sich dann halt zweimal schwer, bei einem einzigen Merksatz: 'Aufgeräumte Schubladen'... wirklich amüsant, er hatte keinen Platz bei den 'heutigen Zuständen' - und bei den Utopien der Zukunft wurde dem gleichen Satz ein verschämtes Ecklein links unten auf dem Brett zugestanden, immerhin.

In einem der Bücher, das ich im Verlaufe der Jahre herausgegeben habe, sind Jataka-Geschichten Inhalt; der Buddha Siddhartha verstand, wie schwer es seinen Schülern fiel, Inhalte und Werte in ihr Leben integrieren zu können - so nutzte er die Möglichkeit, in Tierfabeln das anzusprechen, was im Verständnis seiner Schüler nicht so leicht Platz fand. - hier arbeiten wir am Gleichen.

Da war einmal Hase, ein Philosoph, der sass unter einem Apfelbaum, und dachte, und dachte, und dachte. Er dachte: 'Was wird aus mir werden, wenn die Welt auseinanderfällt?'

Und in diesem Augenblick fiel ein Apfel vom Baum, genau hinter ihm - der Hase hörte es und rannte los, er gab Fersengeld, ohne sich auch nur umzusehen....

Ein Löwe, der ihm diese Angst nehmen soll, muss enorm viel Geduld und Verständnis haben - daran arbeiten wir hier - ein feiner, dünner Faden der Ausdauer und Zuversicht...

* * *

Im Jura, in der grössten Uhrmacherstadt unseres Landes, tobte gestern - gerade in den Nachrichten gehört, ein richtiger Tornado, mit einem Toten und vielen Verletzten... Wir werden Schritt für Schritt mit einer Dimension vertraut, die wir bisher immer auf sicherer Distanz halten konnten, in unserem eigenen Verständnis zu uns selber.

Und noch etwas Eindrückliches, liebe Freunde - ich gehe solchen Dingen vor allem aus einem Grund genauer nach: Wenn wir so etwas hören in den Nachrichten, hat in uns oft etwas überhand, das einfach 'konsumiert', bei dem, der schreibt ebenso wie bei dem, der liest und nachher weitererzählt, Stammtisch eben.

Doch da wäre immer auch eine schönere und tiefere Bedeutung, die wir finden könnten, und die fällt viel zu oft durch die Maschen, das tut weh. Also:

Ein guter Freund von Beat (der mit der Dächlikappe aus dem letzten Buch) ist der Lutz, er fährt auch Bus und reist jeweils 1300 km bis nach Rügen, um seine Lieben wieder sehen zu können - die Bamert-Busse schaffen nicht nur unsere geografische Verbindung zwischen den Dorfteilen Richterswil-Burghalden-Samstagern, sondern sie sind auch höchst lebendige Kommunikationskanäle, viel feiner und aufnahmefähiger als andere Kanäle, Beispiel dafür, ob der Mensch, der am Steuer sitzt, seine Arbeit auch liebt - und so kam diese Geschichte zu mir:

Vor zwei Wochen war der Pius in den Schlagzeilen, bei TeleZüri ebenso wie in den Lokalblättern - ihm gehören zwei Häuser in Wollerau, dem Dorf gefüllt mit Kindheitserinnerungen unseres lieben Vaters. Pius war schon 88 Jahre alt, und er hatte eine Aufgabe, die vernachlässigte er nicht einen einzigen Tag in seinem Leben. Viel mochte nicht mehr zusammenpassen, auch das, wie die Dörfler über ihn redeten - Pius war gut im Ausblenden.

Seine selbst auferlegte Aufgabe war, einen Verbindungsstollen zu graben zwischen den beiden Häusern, die ihm gehörten. Wir alle, die schon mehr als ein halbes Jahrhundert lang gelebt haben, finden sicher Verständnislinien, an denen entlang wir seiner Aufgabe nachspüren, sie ausloten können.

Vielleicht war er in seiner Rekrutenschule bei einer Einheit, den Pontonieren, oder er war beeindruckt von den Nachrichten, die uns seit zwei Jahren überfluten, und ihm die Dringlichkeit seiner Aufgabe jeden Morgen, wenn er erwachte, vor Augen hielt - wenn wir Pius darauf angesprochen hätten, er hätte wohl nur so losgesprudelt...

Was war geschehen? Der Stollen, schon weit vorangetrieben, war in sich zusammengestürzt und hatte ihn unter sich begraben - nicht mehr viel hatte gefehlt. Wenn wir eine Aufgabe an die Hand nehmen, so werden wir sie auch zu Ende führen....

Was freut mich in der Haltung von Pius? Er wusste wohl nicht, dass genau diese Zentrum einer der schönsten Liebesgeschichten des Orients ist, der Geschichte von Shirin und Farhad....

Vielleicht, wenn wir die nahen Verwandten und Bekannten von Pius befragen könnten, käme vielleicht diese Schönheit auch noch zutage, wer weiss?

Shirin, eine junge Frau von besonderer Schönheit und Haltung, wurde vom Schah umworben, einem richtigen Widerling, einem Pa-Schah; der besass alles, Ländereien, Häuser, Wälder und betrachtete alles darin auch als seinen Besitz. Und so wurde es für Shirin immer schwieriger, ihre innere Haltung zu beschützen.

Sie musste immer erfinderischer werden, stellte dem Schah Bedingungen - und dieser betrachtete ihre Bemühungen als lustiges Spielzeug, auf das er spielerisch eingehen wollte.

Als die Not wirklich gross war, sagte Shirin zu den Dienern des Shahs: 'Ich nehme seine Bitte an unter der Bedingung, dass er einen Stollen durch den Berg gräbt, der uns mit dem Land dahinter verbinden wird.'

Natürlich nahm der Shah selber weder Pickel noch Schaufel zur Hand, dafür hatte er ja seine Zulieferer und Diener, denen er Gunst versprach - er selber schaute aus dem Palastfenster, wie sich das entwickelte, was sein neues Spielzeug war.

Und da war Farhad, ein einfacher junger Mann, er hatte nichts und hatte auch keinerlei Aussicht, irgendwann etwas zu haben. So half er mit, diesen Stollen zu graben, mit schwieligen Händen, Schaufel und Pickel.

Eines Tages wanderte Shirin zur Baustelle, um den Fortschritt zu sehen; sie hatte ihre Bestimmung ja damit verknüpft, wenn das Bauwerk fertig wäre. Sie hoffte, dass die Öffnung zum Land dahinter, auf der anderen Seite des Berges, etwas bewirken werde.

Dabei fiel ihr Blick auf Farhad, und Farhad sah Shirin – er fragte sie: 'Wie heisst Du?' Und sie antwortete: 'Shirin'.

Dieses eine Wort war es, worauf Farhad gewartet hatte. Von diesem Augenblick an hatte sein Leben die Bedeutung, die zuvor geschlummert hatte – er hatte die Antwort auf die Sehnsucht seiner Seele erhalten!

Nun wusste Farhad, wofür er diese Arbeit angenommen hatte – und mit jedem Schlag seines Pickels, mit jeder Schaufel voller Dreck, den er aus dem Berg herausholte, wiederholte Farhad nur ein Wort: 'Shirin, Shirin, Shirin….'

Und in kürzester Zeit war der Stollen fertiggestellt….

* * *

Alles hängt nur davon ab, wie aufmerksam wir sein wollen gegenüber dem Leben, das uns umgibt – was denkt Ihr, würden wir auch bei unserem Pius ein solches Geheimnis finden?

Sicher… Oft verdanken wir einem Goldzahn mehr, als er selber ahnen würde…

Es ist Hochsommer, jedoch ziemlich kühl heute – in den Nachrichten zeigt sich wieder eine Richtung, die auf Langfristiges hinweist, wir sollten wohl so achtsam wie möglich sein: Die Fed in den USA erhöht nochmals den Leitzins – und es ist höchst sinnvoll, wenn wir uns auf die Ankunft dieser Welle bei uns ganz sorgfältig vorbereiten.

Fallwinde warnen uns ja rechtzeitig, eigentlich, die Frage ist: Können wir auch darauf reagieren, rechtzeitig, mit den richtigen Mitteln?

Und nun, ein Tag später, da hat die EZB nachgezogen – die Wellen kommen nun sehr schnell, viel schneller als noch vor drei, vier Jahren - und uns bleibt kaum Zeit, sie richtig anzusteuern - wir leben zwar am Zürichsee, doch darin scheinen wirklich nur ganz wenige die nötige Übung zu haben.

Mich wundert von Zeit zu Zeit einfach: Warum ist mir diese Form der Wachsamkeit so geläufig, hunderte Male geübt? Die Mechanismen erkannt, die Gefahren ausgelotet, für Individuen ebenso wie für gemeinschaftliche Gebilde, ob es Firmen, Gemeinden, Staaten sind, es gibt ja nichts, was öfters in 'Arenen' debattiert und bestritten wird - doch das Umsetzen in unser eigenes Leben?

* * *

Diese Tage hier kurz vor Anfang August haben das innere Szenario wiederum sehr verändert, nach dem Gefühl des Abschieds scheint langsam das auf, worüber ich immer wieder staune, jedes Jahr - es fühlt sich an, wie wenn eine neue Seite aufgeschlagen worden wäre - sie macht Zusammenhänge und Inhalte sichtbar, aus einem neuen Blickwinkel - und das Gefühl der Wärme und Geborgenheit in diesem 'Neuen' ist wirklich Gnade, es gibt kein anderes Wort, das dies genauer beschreiben könnte.

Zuerst wollte ich mir für ein neues Kapitel einen Aphorismus suchen, doch dieses Vergnügen spare ich mir noch auf - ich möchte die Gunst der Stunde nutzen, um noch etwas anzusprechen:

Die kollektiven Gebilde - eine Schulklasse, eine Firma, KMU oder grösser, ein Zulieferer für Bauten zum Beispiel, oder ein Werbebüro, ein Reisebüro, oder ein Dorfmetzger - sie haben gerade Betriebsferien, herzliche Grüsse.... die kollektiven Gebilde weisen alle ähnliche Strukturen auf, Fundament, Wohnräume, Dach.

Da ist 'die Front', da wo das Eigentliche geschieht, sie produziert, macht Umsatz, bewegt etwas, Erschaffenes 'ausser Haus', draussen in der Welt.. Natürlich konzentriert sich alles darauf, ganz zentral, es geht ja auch um Wesentliches - das weisse Pferd...

Und da ist das 'Backoffice', der Bürokram, die Administration, 'extrem komplex', wie uns ein Werbespot sagt - das schwarze Pferd vor dem Karren jeder Unternehmung.

Schaut sorgfältig hin, liebe Freunde, macht Euch ein Bild davon, plastisch, lebendig, überprüft diese Eigenschaften! Liebe Freunde, die Gunst der Stunde: das weisse und das schwarze Pferd, sie folgen unterschiedlichen Rhythmen, müssen dies sogar auch tun, wenn sie nicht Sichtverengung verursachen wollen - und da sind wir beim Kern unseres Richterswiler Themas. Wie führen wir sie?

Gut, dass ich meinem Impuls nicht nachgegeben habe, ya Saburo, Ya Batino - der Titel dieses Kapitels passt sogar ganz ausgezeichnet: 'Auch wenn Du Vernunft walten lassen kannst, ist Deine Situation schwierig'...

* * *

Wir sind im Kern der Thematik, liebe Freunde, Roger, Oliver, Willy, Ruedi (der andere), Marcel, Renate, Gabriela: Die unterschiedlichen Rhythmen von Front- und Backoffice, sie garantieren die Klarheit eines Spiegels, versteht Ihr dies? Es braucht etwas Übung, ungewohnte Übung, um die Bedeutung dieses Satzes zu verstehen - dafür habe ich ihn Euch ja fünf Jahre lang vorgelebt!

Schön, wie Willy vor drei Wochen im Migros beim Posten eher etwas verschämt einräumen konnte: 'Ja, so haben wir unsere eigene Aufgabe in den letzten fünfzig Jahren nie betrachtet, das ist neu für uns'... Und Roger ebenso: 'Wenn ich nicht meine Funktion hätte hier, so - dann würde ich genauso handeln wie Du...'

Was hindert Euch denn, gute Freunde? Niemand, eigentlich, doch ein grosser Druck ist da, das haben wir alle verstanden, und der verengt Sichtweisen, Horizonte auf sehr ungesunde Weise.

Und die Anzeichen am Horizont deuten nicht darauf hin, dass dieser Druck kleiner würde, mehr Raum für vertieftes Arbeiten schaffen könnte, im Gegenteil - Druck des Überflusses. Vor allem Oliver wird aufgrund der grösseren Zusammenhänge, die in unserer Gesellschaft in sich zusammengefallen sind, zu einem Verhalten gezwungen sein, dass er weder dem einen noch dem anderen Rhythmus wird folgen können. Wir alle wissen, dass zwar genau dies nötig wäre, doch der 'Herdendruck' wird dies nicht zulassen, existenzbedrohlich, Alarmstufe rot - mitten im 'sowieso Zuviel'... Es bräuchte, liebe Freunde, neue Übungsfelder, um Beweglichkeit bewusst einzuüben - und wir müssten damit gleich nach den Sommerferien beginnen - noch lange, bevor dann die Budget-Gemeindeversammlung im November stattfinden wird.

Ich halte sie einfach für Euch bereit, liebe Freunde, ob Ihr darauf eingehen könnt oder nicht - es ist unser Dorf, das Dorf unserer Eltern - und es hat das Bestmögliche verdient, natürlich!

* * *

'Auf das Herz hören' - wie der Aphorismus im Titel sagt, ist nicht nur etwas 'nett Romantisches' - es ist unsere einzige Chance, uns den Raum zu schaffen, der zuerst uns gesunden lässt - innerhalb der Beschränkungen - und der dann auch unserer nächsten Generation den Raum zum Atmen schaffen wird - so wie es eine neue Generation verdient. Christoph Blochers Frau zitierte genau dies in einem wunderschönen NZZ-Interview:

Eltern sind dann gute Eltern, wenn sie selber ein stabiler und elastischer Bogen sind, von dem ihre Kinder als Pfeile weiter fliegen können - die Eltern werden nicht mehr erreichen, wo dann das Leben der Kinder sein wird - sie können stabile und elastische Bogen werden, doch sie können nicht die Gedanken der Kinder den ihren anpassen, dies widerspricht der Natur des Lebens.

Wunderbar, jetzt hat sich das Kapital abgerundet, und ein Liedtext von Camarón de la Isla springt gleich auch noch aus dem Inneren:

El sueño va sobre el tiempo, flotando como un velero,
nadie puede abrir semillas en el corazón del sueño...

Der Traum fliegt über die Zeit hinweg, schwimmt wie ein Segelboot; niemand kann Samen öffnen im Herzen des Traumes...

Habe ich diese 'copla' vielleicht schon einmal zitiert? Könnte wohl sein, würde mich nicht wundern - herzlichen Glückwunsch zu Deinem Geburtstag, liebe Alicia - wunderbare Tänzerin!

Wenn der Essig saurer wird,

so muss der Zucker umso süsser werden...

Unsere Bewegung auf den Herbst dieses Jahres 2023 zu - er ist begleitet von einer stillen Freude, ganz tief in mir drin - sie ist mit jedem Erwachen am Morgen von Neuem überraschend, auch wenn ich eigentlich schon lange damit vertraut bin - eine neue Hoffnung wird in meinem Herzen geboren, wenn ich Deine friedvolle Atmosphäre atme...

Gut vorbereitet auf die Verengungen, die sich abzeichnen, mit jeder Nachricht am Radio frühmorgens: 'Wir müssen uns darauf vorbereiten, dass die ärztliche Versorgung unserer Bevölkerung nicht mehr so gewährleistet sein wird, wie wir uns dies bisher gewohnt waren - leichte Krankheiten werden vielleicht erst nach mehreren Monaten Wartezeit behandelt werden können...'

Was schön ist an dieser Zeit: Das morgendliche Erwachen und das erste 'Aus-dem-Fenster-Schauen' macht eine Bewegung sichtbar - es wird immer ein bisschen später hell. Langsam nimmt die Natur ihre Kraft zurück, die Bäume konzentrieren sie im Stamm und in den Wurzeln - und so bereiten sie Reife vor - die Grundstrukturen werden sichtbarer, Blätter werden abfallen, doch die Sonne ist noch warm genug, um Reife zu ermöglichen.

Bei uns ist es nicht anders, das Bedürfnis, die Schlagzahl hoch zu halten erlahmt, ganz natürlich, - doch Ruedi, wir wissen ja, dass in einem Boot eben mehrere sitzen, und dass da immer wieder einer 'krebst', das hat Dir ja sicher enorm viel Energie und Zielsicherheit geraubt - und es bleibt mehr Zeit und Raum, genauer hinzuschauen, zu betrachten, was unsere Hektik des ersten Halbjahres verursacht und was sie bewirkt hat.

* * *

Liebe Freunde, das ist jeweils eine ganz besondere Zeit auch für mich - da sind ein paar Arbeiten, die blieben im ersten Halbjahr ausser Reichweite, doch nun kommt Fülle und die Möglichkeit, diesen Ausdruck zu geben, sie zu formen, so wie nun ein Senior arbeiten kann. Das war während den direkten beruflichen Anforderungen so nicht möglich - umso weiter wird das Verständnis für all jene, die 'sich selber eingespannt' haben, um Verträge zu erfüllen.

Auf das Buch des Jahres 2020 erhalte ich auch heute noch manchmal Kommentare, einer davon war: 'Ich habe es noch nicht gelesen, nur ein paar Abschnitte daraus; was mich etwas nervt ist der Ton, 'liebe Freunde', das tönt immer viel zu nett im Vergleich zu dem, was ich selber immer wieder erlebe, in jeder Sitzung, ich komme gerade von einer...' - zu viel Zucker, wenn wir uns an Essig gewöhnt haben.

Deshalb ist diese Zeit hier so fein, wunderbar eingerichtet von der Natur - nutzen wir die Wärme der Sonne, dass noch Zucker in die Reben kommen kann, schon wegen den Oechslegraden, ich grüsse Dich, lieber Hans!

* * *

Natürlich weiss ich, weshalb ich mich auf diese Weise auf das Leben einlassen wollte - immer wieder ermöglichten mir Menschen, die einiges älter waren als ich, wie Anny Burger, oder Virya, oder Mangala, oder Raden, dass ich Einblicke bekam in Zeiten vor meinem eigenen Leben - höchst lebendig und bedeutungsvoll, das war eine wichtige Quelle für meine Neugier - am Anfang war es einfach Neugier, dann kam die Verantwortung dazu für das, was ich dank ihnen erkennen konnte.

Und immer gehörte dann auch das Übersetzen in unsere Zeit dazu, manchmal mehr als anstrengend; doch immer kam eine Erkenntnis, früher oder später, die eine Bedeutung zusammen zu fassen begann. Hier können wir etwas darauf eingehen, willkommen, es macht unsere Mängel heute vielleicht leichter beschreibbar:

Am 7. Februar 1926, der Sonntagsausgabe der 'Detroit News', erschien ein Artikel - auf den können wir etwas genauer eingehen: *'A Magnate and a Mystic Meet' - Henry Ford traf Inayat Khan'*. Das hat viel mehr mit uns heute zu tun, als wir auf den ersten Blick erkennen könnten. Henry Ford hatte gerade die Fliessbandarbeit 'erfunden', zur Basis seiner Ziele gemacht - ein tiefgreifender Schritt im Verständnis unserer Menschheit.

Da ging ein Arbeiter, im Hintergrund seine Familie, einen Vertrag ein mit Henry Ford, er baute seine Zukunft darauf und die Existenz seiner Familie - er wollte von sich sagen können: 'Ich baue ein Auto, die *Tin Lizzie*, die wird uns aus unserer Rückständigkeit hinausfahren, wie es die Inserate in den Detroit News ausmalen, unser Lebenstraum!'

Doch Henry Ford machte aus ihm einen 'Linken-Blinker-Einschrauber', der in seinem ganzen Berufsleben kaum je ein ganzes Auto aus der Produktion sah. Das war ein vehementer Eingriff in das persönliche Gefühl von Würde einer ganzen Heerschar von Detroitern, es begann die Stadt zu prägen - heute sieht Detroit nochmals anders aus.

Inayat Khan sprach ihn darauf an, offensichtlich - da sind Berichte über den Austausch zwischen der beiden. Vielleicht beschrieb er ihm dies in den Worten, wie ich sie hier aus unserer Zeit dafür verwenden möchte:

Die Griechen und die Römer, die beschrieben ja die Welt für uns, und wir haben viel von ihnen übernommen. Bei beiden war ein Wort zentral: *Individuum* bei den einen, *Atom* bei den anderen, es bedeutet beides das Gleiche, *das Unteilbare, die Einheit, die Ganzheit,* vielleicht auch *Heimat, Sich-Geborgenfühlen, Sicherheit in unserem Verständnis.*

Doch dann ist ja das 'Spalten' gekommen, bei Oppenheimer in Bezug auf das eine Wort, bei Sigmund Freud in Bezug auf das andere Wort - da ist kein Stein auf dem anderen geblieben! Im Sog hinter ihren Arbeiten entstand, in beiden Feldern, eine ganze Industrie.

Versteht Ihr, liebe Freunde, was ich mir überlege? 'Was davon hat mit unserem Dorf zu tun, und wie setzen wir dies um?'

Murshid beschrieb Henry Ford die Folgen dieser Überlegungen: 'Guter Freund, Du wirst etwas verursachen, das irreparabal werden kann - wie will einer, der von Dir diese Arbeitsform so annimmt, eines Tages vor seinem fragenden Kind stehen können?

Wird er sagen können, ohne sich dafür schämen zu müssen: 'Meine Lebensaufgabe, lieber Sohn, was bin ich? Ein Linker-Blinker-Einschrauber...'

Und vielleicht beschrieb Murshid dann auch noch den nächsten Schritt, der kommen würde - es werden sich folgerichtig Linke-Blinker-Einschrauber-Gewerkschaften bilden, die werden zwar in Rivalität stehen mit den Rechte-Blinker-Einschrauber-Gewerkschaftern - doch sie werden Dir das Leben wirklich sauer machen - der Essig wird ungeniessbar werden, in dieser Dimension.

Sicher war Henry Ford ganz Ohr und bezähmte wohl seinen spontanen Drang, Fersengeld zu geben, er war ja schliesslich Magnat. Doch die Ratschläge, die er dann von Inayat Khan hörte, machten ihn auf eine Weise dankbar, dass er nicht eine Tin Lizzie, sondern das schönste Modell, das er hatte, nach Suresnes bei Paris verschiffen liess für den Ratgeber; nicht nur das, sondern er gab einem seiner Chauffeure die Lebensaufgabe mit - und finanzierte sie auch: Der Chauffeur solle dem Spender dieser Zuckerdose uneingeschränkt zur Verfügung zu stehen...

Versteht Ihr, liebe Freunde? So bekommt ein Aphorismus seine tiefere Bedeutung, es geht nur um Essig und Zucker, und doch umfasst es mehr als ein ganzes Leben.

Nun stehen wir am Anfang der zweiten Hälfte des Jahres 2023 - in der ersten Hälfte hat sich eines der Gebilde, das wir als systemrelevant und unersetzlich hielten, in seine eigenen Bestandteile aufgelöst, sich selber unterlaufen - wir spüren die Folgen davon, sie machen sich breit in unserem Leben.

Wer hält Würde zusammen, was hält Würde intakt? Dafür schreiben Menschen Bücher, komponieren, auch dafür.

Säe Samen der Güte, wann immer Du kannst;

ohne Säen ist keine Ernte möglich...

Heute Abend ist die Erst-August-Feier auf dem Stollenrain - und Reto als zentraler Verantwortlicher würde gerne etwas überwinden, das er wohl als übles Omen betrachtet: 'Sit Jaare schiffed's immer, genau a dem Abig!'.

Nun, im Augenblick, um 17.00h regnet es noch - heute morgen fand der Puurezmorge statt im Oberschwandenhof, als Einstimmung darauf - schöne gemeinsame Arbeit, sie geht von einer Familie aus - viele sind ihr dankbar dafür.

Ich habe Reto ermutigt, doch selber an einer Feiertagsrede zu arbeiten - immerhin feiern wir den Geburtstag der Eidgenossenschaft - und ich unterstütze ihm mit dem Besten, was ich meinerseits zu bieten habe. Reto traut sich selber solche Dinge nicht zu, aber es könnte sein, dass sich in seinem Inneren etwas mehr bewegt als er sich bewusst ist, wenn ich mich an unsere letzte Gemeindeversammlung erinnere - lassen wir uns überraschen!

Es fühlt sich an wie ein Tag der Wasserscheide - oder, wie es Juan Ramón Jiménez, andalusischer Dichter aus Moguer schrieb:

Ich spüre, dass mein Boot da unten in der Tiefe,
auf etwas Grosses gestossen ist - doch nichts geschieht,
Nichts, Stille, Wellen.

Nichts geschieht? Oder ist es so, dass alles geschehen ist,
und wir ruhig schon im Neuen segeln?

* * *

Liebe Freunde, auf der Wanderung durch den Regen heute morgen ist mir der Impuls zu diesem Kapitel hier zugefallen, wirklich zugefallen, zuerst nur als flüchtiger Gedanke, der vorbeisegelte - ich war zu früh für den Puurezmorge, und so wanderte ich über die Felder da oben, kleine Sumpfgebiete mit vielen Insekten und den ersten 'Brämen' - ein paar Pferde schauten verschlafen aus ihren Boxen. Normalerweise ernähren sich die Bremsen ja vom Blut der schläfrigen Pferde - doch heute scheint eine von ihnen zu denken: Warum nicht, so als Early Morning Happy Hour einen Schluck von Puranblut - als Appetizer zum Festtag, sozusagen...

Ich wundere mich im grauen Regenmorgen: Die Mauersegler haben sich alle schon versammelt, auf einer Stromleitung, zwitschern und pfeilen im Schwarm herum.

Eine Welle von Trauer schwingt da in mir mit, was, bereits so weit? Und der Gedanke kommt zurück, vertieft sich, und hier ist er nun:

Liebe Freunde, ich habe gut verstanden, wie schwer es Euch fällt, Angerichtetes nochmals anzuschauen, Verhocktes wieder zu lösen, da braucht es eine Anstrengung in einer Richtung, die Euch in diesen fünfzig Jahren völlig unvertraut geworden zu sein scheint.

Dabei ist es so einfach: Ich weiss ja noch von jedem Erlebnis mit Euch, in diesen nun bald fünf Jahren - und wir könnten jedes einzelne nochmals aufnehmen, neu anschauen und auch neu beurteilen, dafür habe ich die wichtigsten auch sorgfältig protokolliert - jede Nacht gehen wir schlafen, und am Morgen hat sich unser Bewusstsein neu zusammengesetzt, wie das Puzzle.

Anny Burger und ich waren oft in dieser Situation mit den Gassenjungen in der Altstadt Zürichs, sie hatten in ihrer Hast und Ungeduld so viele Dinge verbockt, diese lagen ihnen nun wie eine tonnenschwere Last auf ihrem Leben.

Wir fragten jeweils nach: 'Ist es denn wirklich nicht möglich, dass Du etwas davon in Ordnung bringen kannst, vielleicht nur eines von zwanzig?' Den verzweifelten Blick dieser Jungen spüre ich noch heute, immer wieder - doch dass da jemand aus einer anderen Generation als sie ihnen diese Möglichkeit überhaupt aufzeigte, bewirkte manchmal schon sehr viel - viele Gefühle und viele Gedanken wälzten sich dann, am Tag und auch in der Nacht....

Wenn sie sich dann entmutigen liessen beim Gedanken, dass ja das Gegenüber so verhärtet sei, dass es nicht einmal ein Gespräch zulassen würde, so forschten wir nach, ganz sanft: 'Eventuell gibt es ja jemanden, der als Vermittler da sein könnte, was meinst Du? Jemand, dem Dein Gegenüber ebenso vertraut wie Du ihm vertraust? Würde dann etwas möglich, vielleicht?'

Und manchmal verging eine Woche, ein Monat, bis dann unser Verzweifelter, unsere Verzweifelte, zitternd und bangend das Thema wieder aufnahm: 'Es könnte vielleicht sein, da war jemand in unserer Familie, ein Onkel, ein Grossvater, eine Grossmutter, die war genial - und alle gingen zu ihm, zu ihr, um sich Rat zu holen'...

Nun liebe Freunde, braucht Ihr auch so jemanden, um aus Eurer Stummheit und Verweigerung herauszufinden? Es wäre sicher der richtige Zeitpunkt dafür - wir bewegen uns auf Jahre zu, die wir so noch nicht erlebt haben - die Nationalbank wird kaum 'abschöpfen' und wieder Goldtöpfe über die ganze Schweiz verteilen können, zu viel ist geschehen.

Und wenn wir gemeinsam mit Willy unsere eigenen Kennzahlen betrachten und analysieren, zeigt sich das gleiche Bild in unserem Dorf, eine latente Überschuldung im Überfluss - da können wir nicht einfach sitzen bleiben, mit dem Kopf im Sand, liebe Freunde. Sogar ein Vogel Strauss nimmt manchmal den Kopf nach oben, um zu schauen, ob ihm nicht eine Hyäne in den Hintern beisst...

Willkommen, meine alten Schulkollegen! Wir brauchen ein Herz, so weit wie der Himmel! Und praktisches, analytisches Wissen, um unsere eigenen Defizite angehen zu können, Nüchternheit in Bezug auf unsere Einschätzungen uns selber gegenüber! An Rohmaterial fehlt es uns ja nicht...

* * *

Heute, zweiter August: Ich habe noch die Fotos, die ich gestern von der Feier gemacht habe, ausgearbeitet und Reto geschickt - zum Schmunzeln... Gleich nach der Festtagsrede, wie auf Kommando, leuchtete wirklich ein wunderschönes Abendrot im Westen auf, völlig eindrücklich! Und als Retos Kollegen das Höhenfeuer entfachten, loderte es weitherum, gut sichtbar vom Sternenweiher her - und zehn Minuten später war, Tatüüü-Tataaa, unser Feuerwehrauto zu ihnen unterwegs, ich weiss nicht, ob sie deswegen ausgerückt waren....

Reto hat sich ganz viele Gedanken gemacht zur Vorbereitung auf seine eigene Festtagsrede - wenn sie dann ausgereift sein wird, werde ich ihr mit viel Freude und grossen Ohren zuhören, versprochen, Reto!

Und nun ist wieder Zeit, an der Musik weiter zu arbeiten - so schön, wie sich in diesem Jahr die Zyklen - äussere Arbeit, Arbeit an der Sprache, Arbeit an der Musik - auf sehr natürliche Weise ablösen, meine Dankbarkeit dafür ist ozeanweit; vorbereitet auf den Herbst, der kommt, mit grossen Bastkörben, um die Früchte nicht auf den Boden fallen zu lassen...

* * *

Wie viel ist doch mit so wenig möglich, wie heute beim Metzg Meier! Als ich bei ihnen - das erste Mal nach fünfzig Jahren - etwas einkaufen ging, konnte ich mich kaum halten vor Lachen, sehr zur Verwunderung der Menschen hinter dem Tresen: Eine Szene war mir in den Sinn gekommen, da war ich erst sieben, vielleicht acht Jahre alt, immer mit dem Trotti unterwegs ins Dorf - und unsere Mutter hatte mir aufgetragen, noch etwas zu posten...

Trottifahren kam für mich dem Fliegen nahe, und so 'blochte' ich mit Schwung dahin, damals hiess der Metzger noch Gattiker, berühmt dafür, dass er den Kindern jeweils ein Redli Wurst schenkte...

Und so schwebte viel Hochfliegendes rund um mich herum, als ich mich zu erinnern versuchte, was ich nun eigentlich posten sollte - und es platzte aus mir heraus: 'Ich möchte gerne einen dunklen Pfünder - ein halbes Kilo dunkles Brot' - ich brauchte eine Weile, um das Grinsen auf den Gattiker-Gesichtern entziffern zu können: 'Wir denken, Du wärest beim Baggi drüben eher am richtigen Ort' ... old and sweet memories - machen auch heute noch Freude, auch den Meiers....

*   *   *

Was denkt Ihr, liebe Freunde: Es wäre kaum übertrieben zu sagen - es hängt sehr viel davon ab, wie und wo wir unser Gespür für 'Heimat' verankert, verwurzelt haben. Würdet Ihr mir zustimmen? Und was wäre ein zuverlässiger Gradmesser dafür?

Ich kenne ihn gut unterdessen, so einfach, dass ich ihn überall mitnehmen kann, höchst handlich:

Wenn andere Menschen, egal woher sie kommen, was ihr Hintergrund ist, sich bei mir an die Bedeutung ihrer eigenen Heimat erinnern, dann ist die meine gut verankert, steht auf solidem Fundament, was meint Ihr?

Oder, wie es ein lieber Freund gerade vor kurzem beschrieb:

Du bist dann ein guter Vater, eine gute Mutter, wenn Deine Kinder in Deine Arme rennen, sogar wenn Deine Hände leer sind...

Dafür lohnt es sich, den eigenen Spiegel immer blitzblank zu halten - und dazu braucht es jeden Tag eine Portion Sorgfalt, so einfach und so wirkungsvoll!

Voraussetzung wiederum dafür:

Das Fundament steht sicher, auf vier Säulen, verankert, dass kein Sturm es erschüttern kann - und in diesem harmonischen Raum erarbeiten wir uns unsere Fähigkeit, beweglich zu sein, beweglich zu werden, eingehen zu können auf die Bedürfnisse und Umstände anderer, individuell und kollektiv ebenso, ohne Angst, etwas zu verlieren deswegen, nur weil wir 'das Unsere' beiseite legen, um ernsthaft verstehen lernen zu wollen.

Das könnte doch ein Thema sein für unseren nächsten Nationalfeiertag, liebe Freunde, was meint Ihr?

*   *   *

Wenn Du einen leeren Krug...

in die Nähe eines fliessenden Brunnens stellst,
bedeutet dies nicht, dass er voll wird,
auch nicht in vierzig Jahren.

Die Seite hat sich wirklich gewendet, liebe Freunde - und ich fühle mich auf schönem Neuland - so loten wir sorgfältig aus und erweitern den bisherigen Rahmen, in dem wir gearbeitet haben.

Dieses Erweitern braucht wiederum viel Sorgfalt und Mitgefühl - wir wissen, was wir ansprechen - und es kann Menschen auf eine Weise erschrecken, dass sie sich tief verkriechen, irgendwohin, und manchmal verlieren sie sich selber an dem Ort, wohin sie sich verkrochen haben.

Ich habe so viele kennengelernt, die mit genau dem leben, einem überdimensionalen Gewicht auf ihrem Rücken, hier ebenso wie an vielen anderen Orten - ich versuchte im letzten Buch, dies zu beschreiben mit einer 'ausgerenkten Schulter' - viele leben so, spüren jeden Tag, jede Nacht, dass da etwas nicht so ist, wie es sein sollte - doch sie bleiben erstarrt darin, ohne Bewegung.

Anny Burger und ich lernten gemeinsam, solche Zustände bei unseren Gästen zwar zu erkennen, mit wachsamer Klarheit - doch waren wir uns auch einig, dass wir dies ihnen gegenüber nicht ansprechen würden - Ya Saburo, Ya Batino.

Wir halfen uns gegenseitig, einfach zu tragen, mit Geduld, manchmal sprang das Leid dieser Menschen auf uns über, und dann kam sein Gewicht, mich überfiel es manchmal unverhofft - doch mit jedem Mal wurde der Fokus etwas klarer: In jedem Leid liegt als Geheimnis eine Information begraben - wir müssen warten können, bis der Zeitpunkt kommt, an dem sich die Schulter einrenken will - gell, lieber Vater, das war wunderbar!

Und dann kommt eine neue Seite, öffnet sich, unbeschrieben, erneuert, vielleicht mit einer Narbe, die vom Erlebten früher auf dem Blatt zuvor noch sichtbar bleibt, nicht mehr als das...

Beschreiben wir doch den erweiterten Rahmen, liebe Freunde! Ich beziehe mich ja auf ganz bestimmte Menschen in unserem Dorf - sie tragen unterschiedliche Funktionen, verstehen sich als 'Gestalter' unseres Dorflebens, wissen, dass wenn sie Richtlinien weitergeben, diese genau so in unseren beiden Informationsblättern, regional und lokal, mit diesen Worten wiedergegeben werden, nichts anderes als das. Alles andere, das auch noch ist, fällt durch die Maschen, verloren, wie es an der Oberfläche erscheint.

Doch das Buch hier, mit seinen Aphorismen, Erzählungen und Kommentaren wird ja dann im ganzen deutschsprachigen Raum in allen Buchhandlungen erhältlich sein, Deutschland, Österreich, Schweiz...

Es gibt viele Gründe, weshalb ich diese Inhalte so ansprechen will, sie drehen sich alle um ein einfaches Thema - unser Menschsein, wie verstehen wir unser eigenes Mensch-Sein? Es kommt nicht darauf an, wo und in welchem kulturellen Zusammenhang, die Frage ist nur: Gehen wir nahe genug heran an die Thematik unseres Mensch-Seins? Überall werden wir die gleichen Themen und Mechanismen finden, ob in Gross St. Florian, in Lahaina, in Oosterend-Terschelling, in Cremona, in Moguer - Provinz Huelva, in Vác bei Budapest, in Beysehir, oder am Anasagar-See...

Seit dem Goldzahn vor 67 Jahren kreist natürlich die gleiche Frage immer wieder in neuen Runden, Szenarien und Perspektiven - doch es bleibt im Kern die gleiche Frage:

'Hat die Schöpfung uns wirklich ein beschränktes Zeitfenster auf diesem Planeten Erde geöffnet, damit wir uns mit Gummibärchen vollstopfen - und das war's dann - dann geht das Fenster wieder zu, und die nächsten stopfen sich voll?'

* * *

Die Antwort darauf ist ja mehr als einleuchtend: Natürlich nicht, unser Leben ist ein Übungsfeld für verfeinerte Formen, die können wir ja so viele Male einüben, bis Musik entsteht aus unserem Verhalten - eine schönere Beschreibung kenne ich nicht.

So lohnt sich ein sorgfältiges Hinschauen immer: Eine Flötenspielerin übt viele Jahre, bis Musik entsteht, die wir gerne hören wollen – sie entsteht, weil die Spielerin sich auf einen Dialog einlässt, mit sich selber und dem Instrument, immer wieder; mit jedem Üben weitet und vertieft sich das Verständnis von dem, was Musik ist, ein Feld, das sich mit jeder unserer Anstrengung weitet, ohne auch nur einmal eng zu werden, oder doch?

Und genauso geht es einem anderen, der Kontrabass spielen lernt, Hände, Herz, Verständnis für Dimensionen, Resonanzen, Antworten des Raumes auf sein Spiel – dies ist unser Geburtsrecht zum Gestaltenkönnen, liebe Freunde!

Wir arbeiten die Bedeutung unseres eigenen Lebens heraus, Schritt für Schritt, wie Farhad mit Pickel, Schaufel und dem Namen 'Shirin' – und tauchen den Krug auch in den Brunnen mit Wasser, damit er sich füllen kann und wir das Wasser dahin tragen können, wo es gebraucht wird.

Und dann kommt der Schritt zum Gemeinsamen: Um Erfolg haben zu können, verbinden wir die einzelnen Talente, lose, beweglich, um sie immer wieder neu, einzeln, justieren, einstimmen zu können – Fähigkeiten und Arbeiten zu einem gemeinsamen Ganzen – die Musik des Orchesters, welch weites Feld des Gestaltenkönnens!

* * *

Was bedeutet dies für jede und jeden Einzelnen? Immer beinhaltet es eine doppelte Sichtweise, eine nüchterne Einschätzung und Arbeit an unseren eigenen Fähigkeiten und Unvollkommenheiten – und dann das gleichermassen nüchterne Verhalten und Einschätzung in Bezug auf die Fähigkeiten unserer Mit-Musikerinnen.

Gut beschrieben?

Ich glaube schon, eigentlich – ein Puls durch unsere ganze Menschheitsgeschichte hindurch.

Dann kamen von Zeit zu Zeit jene, die Akzente setzten, von denen sprechen wir noch heute, wir kennen ihre Biografien, streiten uns dummerweise immer wieder darüber, wer nun Anrecht auf Oberhand habe, immer wieder...

Doch was sie dann mit ihrem Akzent setzten, daran arbeitet die Menschheit nachher 500 Jahre lang, 800 Jahre lang, wie Kinder, die lernen müssen, dass eine Rassel nur eine erste Annäherung an die eigentliche Musik ist.

Die Akzentgeber gingen immer auf die ganz konkreten Umstände ein, die sie antrafen, und passten ihre Sprache dem an, was sie antrafen – wir reden nicht gleich mit einer Flötenspielerin und mit einem Kontrabass, wir sind uns ihrer unterschiedlichen Hintergründe und Arbeitswege bewusst und sprechen sie deshalb so an, wie es ihrem Erfahrungshintergrund entspricht...

* * *

Langsam fädeln wir uns wieder ein – nach der Sommerferienpause in den Herbst-Alltag, nehmen unsere Planungen auf und beginnen mit einem Chilbi-Wochenende im Horn draussen – die einen werden sich auf der wilden Maus austoben, die anderen eher im Festzelt. Ihr Neustart-Handicap kann sich leicht erhöhen.

Mal schauen, wer wo welche Inhalte der ersten Jahreshälfte aufnehmen und weiter entwickeln wird; die grossen Bastkörbe, um die Früchte aufzunehmen, sie stehen alle bereit, ein schönes Gefühl, liebevolle, geduldige Erwartung, die alle Formen gleichermassen wird aufnehmen und willkommen heissen können – ein besonderes Privileg in diesem Jahr 2023... Wieder zurück zur Musik...

* * *

Unterdessen, fast unbemerkt, habe ich nur schon in diesen fünf Jahren zurück im Dorf meiner Kindheit so viele Virtuosen des Lebens kennengelernt – ihre Freude liegt in dem, was sie schaffen, jeden Tag, ihr Schaffen selbst ist Quelle dieser Freude – ein Möbel-Restaurator, ein Werber, ein Holzarbeiter, ein Bauer mit ausgeprägtem Sinn für das, was andere brauchen, ein Winzer, Grüne-Daumen-Diplomträger... jede Woche kommen mehr dazu, ein Mensch, der sich in unserem Dorf als 'Ghettobewohner' empfindet, ein Ehepaar, Hüter eines wertvollen Hauses, zwei Freundinnen durch dick und dünn zum Stammtisch am Donnerstag, ein Jungbeck, der Nischen wahrnimmt und sie nutzt, ein Böötlivermieter, der im Alleingang seinen chronisch defizitären Stammclub im Alleingang in den positiven Finanzen hält, trotz positiven Tests....

Danke für Euer Vertrauen, was Ihr mitteilt und sichtbar macht - es gehört in die grossen Bastkörbe...

Versteht Ihr, liebe Freunde, solange wir uns nicht bewusst sind, dass wir im Dienst dieser Menschen stehen, haben wir unsere Führungsverantwortung noch nicht wahrgenommen. Warum? Weil ihre Hingabe zu ihrem Leben, zu ihrer Arbeit in sich einen Adel trägt, vor dem wir uns jeden Morgen zuerst verneigen sollten, bevor wir daran denken, Führungsanspruch anwenden zu wollen.

Diese Eigenschaft der Hingabe ist, was uns Zukunft garantieren wird; wenn wir dies verstanden haben werden wir nie mehr irgendeinem Menschen seine Freiheit, sich auszudrücken, beschneiden wollen! All dies, meine alten Schulkollegen, haben wir während neun gemeinsamen Jahren eingeübt, jeden Tag, unsere Lehrer, hiessen sie Steiger, Müller, Ritzmann, Klöti, oder wie auch immer - sie haben uns dieses Feld der Verstehenlernens geöffnet, erinnert Ihr Euch noch?

Unabhängig davon, ob sie selber auf der Höhe dieses Wissens waren oder nicht; sie vermittelten uns auch, dass wir selber, unabhängig von ihnen, uns ein Bild machen konnten von dem, was ihnen vielleicht gefehlt haben mag. Haben wir dies genutzt, wie?

* * *

Liebe Freunde, ich bereite mich auf meine Herbstarbeiten vor - ein neuer Grundton, etwas ist abgeschlossen, vollständig, gerundet - so schaffe ich auch Distanz zu jenem Ton, wie er mich im ersten Halbjahr noch begleitete - gemeinsam mit Euch.

Wie Ihr ja versteht, spreche ich unsere Grundlagen an, worauf wir unser Menschsein aufbauen - es ist meine Wahl, dies so zu tun - aus den unzähligen Erfahrungen der vergangenen 73 Jahren so herauskristallisiert, ein Pfad des Lernens, der ist ja nicht einfach übertragbar auf andere Menschen, wir sind frei. An anderen Orten habe ich ebenso Hüter von Räumen und Häusern kennengelernt, da hiessen sie 'Wakil', und sie hatten eine sehr feine und differenzierte Vorstellung von ihrer Aufgabe - das wäre beim Servelatbrötle auf der Burgruine ein wunderbar gemeinsames Thema, Ruedi!

Zu meiner Arbeit gehört auch, dass wir Leid ansprechen, natürlich, es gehört so intim zu unserem Leben wie das Glück, das wir empfinden können. Um diesen Gedankengängen folgen zu können, müssen wir deswegen nicht Unglück suchen, wir werden ihm ja begegnen, nicht weil wir es suchen, sondern weil es Teil unser aller Leben ist.

Ich meinerseits wollte alle Aspekte davon kennenlernen, so habe ich eine Zeitlang aktiv gesucht, wollte verstehen lernen, was Menschen erleben, die, von irgendwelchen Umständen so geformt, 'mit dem Rücken zur Wand' leben, wenn ihnen alle Gestaltungsmöglichkeiten aus den Händen geschlagen worden sind. Ich lernte dann noch viel mehr kennen, deswegen.

Dies wollte ich verstehen lernen. Wenn Ihr Euch also, liebe Freunde, in Euren Funktionen für unsere Gemeinde, vor Konsequenzen oder Entscheidungen seht, weil ich diese Dinge so anspreche - seid Euch bitte bewusst, dass es Eure Konsequenzen oder Entscheidungen sind, mit und wegen Eurem Hintergrund und Euren Erfahrungen, die sich in Euren fünfzig Jahren hier verhärtet zu haben scheinen. Hätte nicht sein müssen, so...

Mein Verständnis für Eure fünfzig Jahre hier, mit der Entwicklung eines Agglomerationsdorfes, das weitet sich; der Zürichsee ist so nahe, nichts schöner als in ihm zu schwimmen, als Kind hatte ich das Gefühl, Schwimmhäute zu spüren zwischen den Fingern und den Zehen, das Gefühl heute ist noch das gleiche...

Mein Interesse liegt immer da, wie wir gemeinsam fünf andere, neue, kreative Handlungsweisen ausloten können - für eine identische Situation. Wir vergleichen diese fünf anderen Handlungsweisen dann, gewichten sie, wägen sie gegeneinander auf und überprüfen sie darauf, welche am wenigsten Schaden anrichten wird, individuell ebenso wie kollektiv.

Das Wesen eines Musikers eben, einer, der sich beeindrucken liess von einem einzigen Satz, den er hörte, zum richtigen Zeitpunkt, an der Schwelle zu einer neuen Seite in seinem Lebensbuch:

'Unser Innerstes - unser Talent, das wir für unsere Erdenreise mitbekommen haben - ist in sich Essenz von Musik - wenn wir mit ihm vertraut sind, wird alles, was wir tun, ebenso zu Musik.'

* * *

Da hat sich etwas gerundet, was meint Ihr?

Identität weist so viele wunderbar farbige Facetten auf, immer werden wir Identität erkennen, wir alle haben das Talent dafür, sie zu erkennen, wir alle, ohne Ausnahme - so kommen wir in diese Welt, Natürlichkeit in unserem Wesen ist immer erkennbar und bahnt sich ihren Weg, auch wenn sie sich sogar hinter Sonnenbrillen verbergen mag - so einfach, so lebendig.

Nun kommt ein ganzer Abschnitt, extra für Dich, Roger:

Du wohnst ja im Ort, wo unsere Familie, beiderseits, ihren Ursprung hat: Wenn ich verstanden habe, dass das, was oben steht, wirklicher ist als all meine eigenen persönlichen Ziele, so leitet sich daraus etwas ab - da ist keinerlei Not bei mir - ich habe mit mir selber keine Not, schon lange nicht mehr - die Schwimmhäute zeigen sich wieder...

Daraus leitet sich etwas ab: All meine Arbeiten sind daher nur darauf gerichtet, Not anderer zu lindern, Wege zu suchen, wie dies möglich wird, individuell und kollektiv - kannst Du dies nachvollziehen, Roger?

Wenn wir auf privater Ebene austauschen, dann ist ja dies so wie hier möglich, ganz einfach, haben wir schon erlebt zusammen, da hattest Du keinerlei Mühe, Dich klar auszudrücken.

Der nächste Schritt: Kannst Du diese Qualität in Dein Rollenverständnis integrieren, für alle sichtbar? - Du hast ja eine höchst exklusive Rolle in unserem Gefüge!

So stehen wir hier an einer Verzweigung, lieber Roger, in unserem gemeinsamen Verständnis ebenso wie im Gefüge unserer Gemeinde: Wenn Du verstanden hast, dass Du keine Übung hast im Umgang mit einem solchen Führungskonzept, mit dieser Form der analytischen Überprüfungen auf Schwachstellen im Gefüge - wie willst Du dann handeln?

Kannst Du, Roger, das, was bei Dir 'durchbrechen' will vor einem solchen Papier, gefüllt mit Druckertinte, auch zurückhalten? Henry Ford stand in einer Situation, in der er das Weite gesucht hätte, wäre er seinem Impuls gefolgt; doch Henry Ford wollte sich bezähmen wegen der Grösse und Qualität, vor der er stand - hielt zurück, was ihn sonst getrieben hätte, wurde reich belohnt dafür.

Ist, dies auch in Deiner Funktion möglich? Der Lohn dafür wäre ebenso reich - nicht direkt auf Deinem Bankkonto am Ende des Monats, doch all die Menschen, die ich kennengelernt habe hier, die verstehen diesen Reichtum auf ihre eigene Weise, und sie werden Dir zeigen können, dass sie ihn erkannt haben. Ich habe verstanden, Roger, dass Dir das fast unmöglich erscheinen mag, doch auch in Bundesbern braucht es genau dies auch, wie Du ja weisst - eine Disziplin mit uns selber, freiwillig, wir uns auferlegt, weil wir wissen, weshalb sie notwendig ist - für das, wofür wir gewählt sind.

Was ich Dir bestätigen kann, lieber Roger: Es ist, so allein, kaum erreichbar, es braucht kollektive Einsicht in Kontexte, die Ihr offensichtlich über viele Jahre hinweg vernachlässigt zu haben scheint.

*　　*　　*

Du hast ja verstanden Roger, weshalb ich so arbeite, seit ich wieder hier im Dorf unserer Kindheit lebe – wir stehen nicht 'im Bisherigen' – vor uns steht die Dynamik des Jahres 2023! Da lohnt sich jedes Einüben von Führungsformen, immer, Roger!

* * *

Wow, liebe Freunde, dieses Buch ist ja bisher um vieles konsistenter geworden als ich nur schon im Mai ausgegangen war – wie das Leben selber, wir fangen einfach mal an, mit dem, was uns zur Verfügung steht – und dann stehen wir mitten im Leben. Damit wir alle auf der Linie dieser Arbeit hier in diesen Herbst gehen können, Roger, Du hättest auch so handeln können:

'Wenn ich diesen Antrag sehe, mit Kopie an den Bezirksrat, so erkenne ich, dass er Inhalte anspricht, die haben mit einem Führungskonzept, mit finanzanalytischen Inhalten zu tun – und für beide habe ich den nötigen Erfahrungshintergrund nicht (er gehört auch nicht ausdrücklich zum Anforderungsprofil meiner Funktion). Der Autor hat für uns mitgedacht, einen Monat Zeit und Raum vorgegeben. So ist es für mich selbstverständlich, dass ich Rücksprache nehme mit jenen, die über das erforderliche Wissen verfügen, auch verfügen müssen in ihrer Funktion. Es bewahrt mich vor vielen unberechenbaren Folgen, wenn ich meine Vernunft so einsetzen will.'

Das war so noch nicht möglich für Dich, in diesem Frühjahr 2023, Roger – aus diesem Grund habe ich mein Verständnis auch nochmals erweitert – Ya Saburo, Ya Batino. Jetzt sehen wir, wie es auch hätte sein können, freundschaftlich, verständnisvoll, nicht für uns oder wegen uns, sondern für jene Menschen im Dorf, die in orangen Zonen leben, mit sich selber, verstehst Du? Wir hätten nichts verloren, nur gewonnen, Verständnis, Dankbarkeit. Bewegend, dass dies hier – Mitte August – ansprechbar geworden sind, nicht selbstverständlich – da sind ganze Felder, die solches nicht, noch nicht zulassen – Folgen Eurer Verhärtungen, Roger, einverstanden?

* * *

Einsiedeln ist für uns in vielerlei Hinsicht ein besonderer Ort, mit einer Geschichte, die unser aller Leben wohl tiefer prägt als uns im Alltag bewusst ist - so nah. Da lebte auch der Arzt Paracelsus, Roger, in Egg beim heutigen Staudamm, nahe bei der Brücke... manchmal wandere ich da hoch, viel Geschichtsbewusstsein erneuert sich dabei.

Paracelsus hat sich tiefer als andere mit einem Thema befasst, das dem unseren sehr verwandt ist, Roger. Er wollte verstehen, was jene Zellen von anderen unterscheiden, wenn sie etwas verursachen, was er dann mit der Chemotherapie bekämpfen wollte...

Und er kam auf eindrückliche Schlussfolgerungen - Ursache ist eine Kommunikationsverweigerung innerhalb des Organismus. Es ist ja natürlich, dass unsere Zellen altern, austreten aus ihrer Funktion und durch neue, frische ersetzt werden - die sogenannten 'Stammzellen', die in unserem Knochenmark als eigentliche 'Grundreserve' unserer körperlichen Fähigkeit der Erneuerung entstehen.

Was die Stammzellen besonders macht, ist ihre Grundkraft - sie sind vergleichbar mit Kindern, die noch nicht in die Schule gegangen sind - offen für alles, ihre Anlage schlummert noch, ist noch nicht geweckt, noch nicht gefördert worden.

Was brauchen sie, um in unserem Organismus eine Lebensfunktion zu erfüllen?

Jemand, der ihnen sagt: 'Willkommen, Du bist hier in Gesellschaft von uns Kollegen, unsere Funktion ist, als rote Blutkörperchen Sauerstoff aus der Lunge zu tragen und den ganzen Organismus damit zu nähren. Dieser Job ist anders als das, was Du heute bist. Deine 'Lehrzeit' besteht aus verschiedenen Etappen, zuerst musst Du so gross werden wie wir, dann hörst Du auf zu wachsen und nutzt Deine Fähigkeit, Dich bei uns einzufügen als Hämoglobin-Transporterin (ohne Gewerkschaft) - harmonisch, keine grösser als die andere - wir zeigen Dir, was alles dazugehört - wir haben ja Routine, spannender Job!'

Paracelsus war sorgfältiger, genauer, interessierter als andere, und so studierte er unter dem Mikroskop, wie genau diese Zellen sich einstimmen aufeinander, um gemeinsam die Funktion zu erfüllen, die uns durch all das, was wir erleben, gesund erhält. Was fand er heraus?

Diese Eigenschaft der Hingabe ist, was uns Zukunft garantiert! Ich habe es einmal gesehen, in einer Fernsehsendung, vor vielen Jahren - und es ist mir lebendig geblieben, was ich da sah: Die Zellkerne leuchten und blinken einander zu, kommunizieren miteinander, ebenso wie dies Bäume tun - ein rhythmisches Leuchten, das alle Informationen enthält, die sie zum Leben brauchen, Roger, stell Dir vor, Roger - kein Hokuspokus - nur natürliches Leben!

Die Stammzelle ist aufnahmefähig, hat den gleichen Wunsch wie ein Kind, zu lernen und zu harmonieren mit seiner Umgebung - nichts schöner, nichts natürlicher, nichts einfacher als das!

Dank seiner Neugier zu präziser Analyse erkannte Paracelsus auch die Ursache des Defekts, der in unserer Gesellschaft ja so verbreitet ist und Unsummen von Geld verschlingt - Ursache: Kommunikationsverweigerung!

Wenn die Stammzelle aus irgendeinem Grund autistisch ist, sich nicht mitteilen kann, kein Sensorium ausgebildet hat, um das Blinken ihrer Umgebung aufzunehmen, so reduziert sie ihr Wesen auf das Einzige, das sie sicher kennt - nämlich das Wachsen, sie wächst und wächst und wächst, völlig kommunikationslos gegenüber ihrer Umgebung.

Siehst Du die Parallele, Roger? Welche Rückschlüsse könnten wir daraus ziehen? Mein Buch hier hat ja nur dies zum Inhalt - so leicht, so sorgfältig, so natürlich wie es nur geht!

Diese Fähigkeit, sich in den ungeteilten Dienst zu stellen, ist, was uns Zukunft garantieren wird. Eben bin ich von Zürich her wieder nach Hause gekommen, da oben bei der Burgruine - dieses Wochenende ist noch Bergchilbi in Samstagern, da 'wo man sich noch kennt...' Motto seit vielen Jahren.

Ich freue mich jeweils sehr zu spüren, wie vertraut mir Zürich immer noch geblieben ist, wie die vielen beschädigten Menschen, die wir da sehen, mit ihren krummen Rücken, den dreckigen Füssen, den offensichtlichen Schäden und Einstichnarben an den Armen, freundschaftlich und wach sind, wenn sie mir entgegenkommen, jede und jeder mit dem, was sie tragen. Ein Wort genügt, und in ihnen geht etwas auf, Roger, das ist Leben, wie ich es als grosses Privileg betrachte.

Um die Querverbindung zu Dir und Deiner Funktion in unserer Gemeinde wieder herzustellen, nochmals, Roger:

Wenn Du Phil Collins fragen kannst: 'Was denkst Du, Drummer von Genesis, ist es der Schlagzeuger, der verantwortlich für den Rhythmus der ganzen Band?' Was denkst Du, wird er Dir antworten?

Auch wenn er heute schwer gezeichnet im Rollstuhl sitzt, wird Dir Phil Collins - guter Freund von Ernst Sieber und seiner Arbeit - eine Antwort geben können, die aus vielen Jahren des erlebten Musikerdaseins sprechen wird - was denkst Du, wird er antworten?

Und heute Morgen bin ich mit einer Melodie erwacht, einem Lied, das mir im Repertoire fehlte - ich habe gerade vorher noch ergänzt:

In the twilight glow, I see
Blue eyes crying in the rain...

Da ist nun good old Willie Nelson, um dieses Kapitel abzurunden.....

* * *

Unsere liebe Mutter war wunderbar, eine unerschöpfliche Quelle von Metaphern und Geschichten - wie jene von Christophorus, Patron der Reisenden, immer gut platziert, als Orientierungspunkt für uns Kinder.....

Ein intelligenter Mensch kann nicht alles sagen…

worüber er nachdenkt,
doch wird er bedenken, was er sagt.

Nun, liebe Freunde, das Blatt hat sich gerade nochmals gewendet, alles fühlt sich völlig frisch an, neu, anders als noch gestern Abend - der Wandel hat sich natürlich wieder in den Träumen angekündigt, die verblüffen mich jedes Mal von Neuem - jemand fährt im Panzer quer durch Zürich, dem Schanzengraben entlang, ich erkenne natürlich die Fahrerin, alte Bekannte - ja genau so…

Und so ist nochmals grosser Raum frei geworden, nutzen wir ihn gut - auch wenn wir die wirtschaftlichen und politischen Realitäten deswegen genauso sorgfältig weiter beachten - '…looks like we're in for nasty weather…' hörten wir gerade am Chilbiwochenende - doch auch junge Hasen wissen, dass frische Rüebli immer wieder Freude machen - vor allem für bockige Esel. Ihr kennt doch die grosse Kunst der Erneuerung, liebe Freunde, oder? Habe ich sicher schon einmal in einem Buch verewigt:

Wie bringen wir einen Esel zum Gehen, wenn er selber keine Lust hat dazu? Eben, frische Rüebli, doch die Kunst dabei ist - wie präsentieren wir ihm diese? Wenn wir ihm das Rüebli gerade vor die Nase halten, wird er es fressen, radibutz, und weg ist es. Wenn wir ihm das Rüebli von weitem zeigen, wird der Esel denken: 'Fauler Trick, was soll ich mich bewegen dafür!'

Doch wenn wir genau die richtige Nähe finden, dass dem Esel der frische Duft des roten Rüebli sanft durch die Nüstern weht, so wird sich sein Denkapparat in Bewegung setzen: 'Hm hm, könnte sich lohnen, drei Schritte zu tun…', das, was die Greenhorn-Chüngel taten, danke nochmals, war richtig schönes, 'lebendiges Richterswil', viel zu selten so lebendig! Doch es steht ja ein ganzer Bastkorb voller frischer Rüebli bereit!

So schreiben wir vorläufig noch nicht weiter, warten mit Freude auf das, was sich zeigen wird im Herbst - Ya Saburo, Ya Batino!

Es ist eine gute Woche vergangen in der Zwischenzeit - und nun hat sich gezeigt, weshalb es gut war, abzuwarten und nicht geradewegs weiter zu schreiben.

Wir stehen am Anfang des Monats September, in unserem Jahr 2023 - er hat sich angekündigt mit vehementem Regen, in grosser Intensität, und einem Grundgefühl von Dichte und Schwere, ganz anders als noch vor zwei Wochen - dies hat mir eine ganze Welle von Erinnerungen hervorgebracht, die möchte ich mit Euch etwas anschauen, liebe Freunde.

Da ist Paul, ein Bündner von hoch oben in den Bergen, wir haben einen gemeinsamen Bekannten, den Maler Alois Carigiet - Paul von seiner Seite her, ich von meiner. Wir reisten einmal über Andermatt in seinen Heimatort. Weshalb sich Paul in meine Erinnerung geschoben hat, ist dieses Grundgefühl - er spürte es auch, jeden Herbst, sehr intensiv, war sich sicher, dass ich länger leben werde als er - und fasste es in die Worte, die seine Kindheit in den Bergen geprägt hatte: 'Weisch, dr Septämber isch en richtige Tag-Frässer!'

Wenn wir ein statisches Verständnis von unserem Leben haben, liebe Freunde, dann hat diese Veränderung ein enormes Gewicht - viele Menschen, wenn sie vor dieser zunehmenden Dichte und Schwere ihres Lebens stehen, empfinden, dass ihr Leben zu Ende gehe - die Sonne führt einfach ihre zyklische Bewegung weiter, sie bewegt sich Richtung Süden und bringt da gleichviel Leben; sie wird als 'Nacht-Fresserin' willkommen geheissen und gefeiert:

Dein Lächeln bringt neues Leben,
allen Dingen und Wesen.
Die Pflanzen blühen auf, Früchte reifen
und Blumen antworten auf Deinen Ruf.

Wenn der Tag anbricht, die Vögel singen
und die Dunkelheit der Nacht schwindet,
erheben wir uns alle, Dich zu grüssen,
in grosser Freude, O aufgehende Sonne!

Liebe Freunde, ich rede ja kaum je von etwas anderem als der Beweglichkeit unseres Inneren Wesens gegenüber den Vorstellungen, die wir als Kinder angenommen haben, um dem zu entsprechen, 'was von uns erwartet wird, um dazu zu gehören' – und wie zentral ich es betrachte, unsere Beweglichkeit immer wieder zu überprüfen, mit allen Methoden, die wir kennen – gerade hier, in Bezug auf das eben Geschriebene: Ist es wirklich die Sonne, die ihre Reise nach Süden angetreten hat?

Nein, natürlich nicht, es ist unsere eigene Kugel, die zyklisch schwankt – die Mauersegler, die treten Reisen an, nicht die Sonne...

Diese innere Beweglichkeit, die habe ich über viele Jahre hinweg immer wieder geübt, in immer neuen Verantwortungen, Lebensfeldern, daraus entwickelt sich mit den Jahren eine Art Ruhe und Stabilität, als eine gerade Linie inmitten der 'verwirrenden Pfaden des Lebens' – sie braucht tägliche Pflege und Sorgfalt.

Das 'Petama Project der Glücklichen Bettler' ist ein typisches Beispiel dafür – jeder Initiant eines kleinen Betriebes, 'Start-Ups' in unserer heutigen Sprache wird das gleiche Lied singen können: Da ist ein erster Impuls, der wiederholt und vertieft sich in unseren Erlebnissen und Arbeiten im Alltag, kondensiert sich langsam, weil wir immer wieder darauf stossen – bis wir dann zur Erkenntnis kommen: 'Das ist ein richtig grosses Arbeitsfeld, es braucht einen Rahmen, eine Methode und einen Namen'.

Bei den meisten kommt dann der Eintrag ins Handelsregister als nächster Schritt – bei mir war es nicht so. Doch die nächsten drei Jahre, in dem das Baby langsam selber zu laufen beginnt, die kennen alle, eine Zeit des Exponiertseins, der Verletzlichkeit.

Es stellten sich Hindernisse in den Weg, zuerst zu den Inhalten, dann zum Vehikel 'Website' vor allem, der Provider wurde von einem grösseren Unternehmen geschluckt, die Bedingungen änderten sich, mehrmals schienen die Hindernisse unüberwindlich und brauchten enorm viel Energie, Dazulernen und Umschichten, schützende Arme, Überlegungen, Ressourcen, Überprüfung meiner eigenen Motive. Immer wieder schien die Grundidee auf der Kippe zu stehen, es wurde etwas besser, nachdem das Projekt das erste Jahr überstanden hatte und im zweiten Jahr erste Vergleichszahlen einen kleinen Überblick schafften.

Dann kam mit dem Beginn des dritten Jahres eine nächste vehemente Prüfung unseres Stehvermögens, da waren viel Willenskraft und Aufwand notwendig, ebenso begleitet wie gerade jetzt von einem intensiven Gefühl von Dichte und Schwere. Deshalb kommt mir dieses Gefühl wohl heute so vertraut vor - es löst keine Furcht aus, es macht mich einfach wach in Bezug auf das, was die Menschen um mich herum nun intensiver erleben.

Dahinter entstand etwas, das mich wirklich verblüffte - das 'Baby' hatte zu laufen begonnen, selbständig, es bewegte sich in die Welt hinaus - ich erhielt von vielen Seiten her, meistens völlig unverhofft, die Bestätigung, dass es wahrgenommen worden war, dass es geschätzt wurde, auf eine Weise Anker war in der Not einzelner Menschen, dass sie manchmal über Monate weg in Kontakt bleiben wollten.

Da war eine enorme Dankbarkeit meinerseits, die mich oft zu Tränen bewegte - es war, wie wenn nun die Arbeit von Anna Burger und mir in der Altstadt Zürichs das 'Dorf Welt' erreicht hätte - und so ist es bis heute geblieben. Dass mich diese Arbeit hier nun schon ein Dritteljahrhundert begleitet, ist einfach eine grosse Freude in meinem Leben, durch viele Stürme hindurch.

Liebe Freunde, Verantwortungsträger in unserem Dorf, versteht Ihr so besser, weshalb ich wie handle und spreche? Natürlich kann ich jede Not, jede Beschränkung in unserem Dorfgeflecht verstehen und nachvollziehen - ich habe sie selber mein ganzes Leben lang genauso getragen wie Ihr, in kleinen Firmen, abhängig von der Grosswetterlage, in Verwaltungen, in vernetzten Geflechten wie die Zimmerberg-Zusammenschlüsse, wie sollte ich nicht verstehen können, was Euch wo beschränkt und einengt?

Eure Schlussfolgerungen daraus, liebe alte Schulkollegen - zwar auch verständlich in unserem Alter - hat zu oft mit Resignation zu tun, mit Eurem Gefühl: 'Es kann ja gar nicht anders sein, wir haben es ja erlebt' - das greift einfach zu kurz, wenn wir genauer hinschauen! Da ist ein frisch duftendes Rüebli, genau vor Euch!

Und so bleibt meine Zuversicht intakt, völlig frisch, jeden Morgen - auch wenn wir ganz nüchtern erkennen können, dass sich da, in den Nachwellen der letzten fünf Jahre, viele Werte, auf die wir gebaut haben, nicht mehr gehalten haben. Wir sollten uns auf eine Zeit einstellen, die wir anders als bisher werden angehen müssen - 'We cannot continue living on the Bigfoot' - wie es im Buch zuvor eher als spontaner Impuls daherkam - nun zeigen sich an allen Ecken und Enden die täglichen Nachrichten genau darüber.

* * *

Wie Ihr mir bestätigt, liebe Freunde in der Verantwortung für unser Dorf: 'Wir haben uns in den vergangenen fünfzig Jahren noch nie mit den Inhalten, wie Du sie hier für uns zusammengefasst hast, beschäftigt' - ziemlich erschütternd, eigentlich. Eure Orientierung war die Umgebung, die ganz andere Wettläufe ins Zentrum ihres Interesses genommen hat - Fakten, wie sie sind.

Da liegt ein enormer Unterschied, wenn unsere Eltern-Generation am Anfang von dem lebt, was wir dann als 'Wirtschaftswunder' in Google nachlesen können - mit dem Ziel, eines Tages im eigenen VW-Käfer durch die Welt gondeln zu können - wir waren 'Mitsurfer' darin, unser eigenes Leben lang, ohne viel zu denken.

Wenn nun eine Zeit kommt, in der das 'Redimensionieren' unserer Denkkategorien notwendig wird - das ist um vieles heikler und schwieriger - deshalb, liebe Freunde, zeige ich Euch die Modelle auf, die genau dies zum Inhalt haben, damit Ihr beweglicher werden könnt, herzlicher, lebendiger! Was dahinter winkt, lohnt sich immer - menschliche Solidarität und Mitgefühl für die Umstände und die Lebensrahmen unserer Mitbewohner!

* * *

Wie kann das grüne Gras lächeln...

wenn die Wolken nicht weinen?
Wie kann Milch aus Mutters Brust hervorschiessen,
wenn das Kind nicht weint?

Auf dem roten Ferbedo-Trottinett ins Dorf hinunter dachte ich, in frischem Schwung oft über die kurzen Weisheiten unserer lieben Mutter nach - meine ganz eigene Form des Lernens in den ersten Jahren meiner Kinder- und Schulzeit - und manchmal produzierte dieses Nachdenken eben leichte geografische Fehlinterpretationen wie beim Metzger Gattiker...

Doch die Geschichte von Christophorus hatte mir schon tiefen Eindruck gemacht. Da ist ein Mann angestellt, um Menschen auf seinem Rücken durch eine Furt hindurch zu tragen - dass sie vom einen Ufer des Flusses zum anderen gelangen konnten. Zuerst staunte ich einmal, dass es überhaupt solche Berufe gibt, und dann:

Was muss ein solcher Mann für Eigenschaften, Fähigkeiten haben, um Gross und Klein, Dick und Dünn, über einen Fluss tragen zu können? Stark musste er sein, gross, trittfest, wenn ich mich an die glitschigen Steine des Mülibachs erinnerte, er musste sicher auch einen Stab haben, um sich darauf zu stützen können.

Als dann unser Vater das erste Mal mit seinem VW Käfer die Strasse hinauffuhr und wir alle staunten, so war das Erste, das an Persönlichem in dieses Exemplar des frischen Wirtschaftswunders kam, das Medaillon von Christophorus: Erst danach baute er noch die Garage ans Haus an...

Und dann diese kuriose Episode, als der junge Jesus ihn bat, er möchte gerne auf dem Rücken des Christophorus über diesen Fluss! Wie natürlich der Christophorus dachte, ja klar, mit links!

Und dann fühlte sich Christophorus schwerer und schwerer, empfand, der kleine Junge da auf seinen Schultern trüge das Gewicht der ganzen Welt, und er selber, Christophorus, schwer gestützt auf seinen Stab, empfand sich als viel zu schwach, um selber noch das andere Ufer erreichen zu können! Ich wunderte mich als Kleiner, wie konnte unsere Mutter solche Dinge wissen? Wir waren nicht so geübt, gemeinsam darüber auszutauschen, so sondierte ich einfach in meinem eigenen Empfinden nach, doch liebe ich unsere Mutter sehr für diese kleinen Samen, heute anders und tiefer als damals.

Liebe Freunde, ich bereite hier ja eine Überlegung vor, wie Ihr seht - und so 'googelte' ich noch etwas nach, was ich in der Biographie von Joe Siffert, unserem ersten Formel-I-Rennfahrer, vor Clay Regazzoni, gelesen hatte - das 'Funiculaire' von Fribourg, da steht:

'Die Standseilbahn wurde 1899 in Betrieb genommen und verbindet das Stadtzentrum mit der Unterstadt. Das 'Funiculaire' wurde ins Inventar der nationalen Kulturgüter aufgenommen, eine der letzten Standseilbahnen, sie wird mit dem Abwasser der Stadt betrieben, es wird als Antriebsballast genutzt - Bindeglied zwischen Unterstadt und Zentrum.'

* * *

Nun, liebe Freunde, wie kommt nun Christophorus zum Fribourger Funiculaire? Ich möchte gerne etwas verbinden, es war ja viele Jahre lang Teil und Arbeitsgebiet in meinem Leben, gemeinsam mit Anny Burger:

Ich war Beistand für Willy, über viele Jahre hinweg - auch wenn ich Anrecht gehabt hätte, Einblick in seine Akten zu haben, habe ich darauf verzichtet, freiwillig und mit viel Überlegung. Willy lebte - nach turbulenten Jugendzeiten, in denen sein einziger Mensch (ausser seiner Mutter), dem er wirklich vertraute, der 'Rockerpfarrer' im Niederdorf jener Zeit war - im 'Tilia', dem geschützten Wohnheim der Klinik Rheinau, das auch einen Laden und geschützte Arbeitsplätze anbot.

Bis zu seinem Tod besuchte ich Willy jeden Monat einmal, erklärte ihm so viel er brauchte, nahm mir alle Zeit mit ihm, natürlich und es ging natürlich regelmässig darum, weshalb er nur so wenig Bewegungsraum hatte, physisch und finanziell. So beschrieb ich ihm den Finanzrahmen, der um ihn herum gebaut worden war, die IV-Rente, die Ergänzungsleistungen, was damit alles an Kosten abgedeckt werden mussten, Krankenversicherung, Miete im 'Tilia' und alles andere. Dafür gab mir Willy einen Ehrentitel, der uns beide immer wieder zum Schmunzeln brachte: 'Gut, dass Du mein Finanzminister bist!'....

Nun, liebe Freunde, spürt Ihr das Gewicht des Christophorus? Es ist ein Gewicht, dem viele ausweichen wollen, wie wir es ja auch gelernt haben, und umso schwerer liegt es dann auf Menschen wie Willy, irgendjemand trägt es ja, so ist unser Leben eingerichtet.

Und nun versuchen wir, dies musikalisch auf unseren Anfang Herbst 2023 zu transponieren – eben hat Sergio Ermotti beschrieben, weshalb aus zwei Giganten nun ein einziger geworden ist: 'Wir wollten verhindern, dass ein ausländisches Gremium zuschlägt', dies sagt Ermotti erst heute, natürlich, hätte auch nicht anders gekonnt...

Fahren wir auf dem Ferbedo-Trotti doch eine weitere luftige Runde der Reflektion, liebe Freunde, gemeinsam! Heisst dies im Klartext, dass Sergio Ermotti eigentlich nur 'das kleinere Übel' war? Wie hätte dann, im Vergleich dazu, das 'grössere Übel' ausgesehen, und ist es jetzt, dank Sergio Ermotti, gebannt?

Und dann, liebe Freunde, nochmals transponiert auf unser Dorf, 'Pfnüselküsten-Agglomeration': Haben wir dies nicht auch schon, eins zu eins, ein paar Jahre früher erlebt, Ruedi, Sohn des Eisenbähnlers, Gruss vom Autor, Sohn des Schriftsetzers, mit identischem Geburtstag? Gleiche Überlegung wie Sergio Ermotti heute, gleicher Mechanismus – völlig identisches Muster.

Siehst Du, Ruedi, Besitzer des 'Chüngen' seit 2017, wie wertvoll eine sorgfältige Rekapitulation Deines Erfahrungsvorsprungs ist, in Bezug auf dies sich hier wiederholende Muster? Du könntest, gemeinsam mit den Verantwortlichen der Gemeinde, ein

Projektionsmodell erarbeiten, mit allen Details Deiner sechs Jahre Erfahrungsvorsprung – und dies sogar Sergio Ermotti und den Finanzverantwortlichen des Bundes weitergeben – nur solltest Du uns Richterswiler dabei nicht vergessen! Ich habe Dir mit sehr viel Bedacht sorgfältigen, dokumentierten Einblick gegeben in alle Aspekte meiner Arbeiten in Zürich und im Dorf, Du kannst sie zu unser aller Vorteil nutzen, ich gebe Dir freie Hand dafür, Ruedi!

* * *

Es braucht einiges an Wissen, um dem standhalten zu können, Grundwissen, das immer wieder neue Übung braucht – das Erste: Wir dürfen uns nicht scheuen, das volle Gewicht zu spüren, wie ein Gewichtheber – sonst können wir nicht ausbalancieren, den Schwerpunkt, den wir brauchen zum Tragen, genau spüren zu können.

Und dann braucht es unser Vertrauen, dass da ein Gegengewicht ist, das uns heben helfen wird, das müssen wir auch kennenlernen, um uns näher an das Gewicht heranzutrauen, wenn wir es dann wirklich auf unsere Schultern nehmen, gemeinsam tragen werden – es gibt nichts, was Lohnender sein könnte in unserem Leben, vor allem wenn wir gemeinsam in unserem achten Lebensjahrzehnt stehen, Ruedi!

Jene die nach uns kommen und tragen werden, brauchen lebendige, intakte Orientierungspunkte dafür, mehrere, um selber würdige Gewichtheber werden zu können!

Was wir doch nicht alles mitnehmen, wenn wir uns in ein Amt wählen lassen – höchst eindrücklich!

* * *

Dies ist ein Blick nach aussen, in unsere heutige Umgebung; doch dann ist da auch noch unser Garten im Inneren; wenn wir den betrachten! Der bringt Sonnenblumen hervor, voller Kraft, Ruhe und Freude, vertraut darauf, dass nach der Wintersonnenwende vieles ganz anders aussehen wird als wir es heute erkennen können – Ya Saburo, Ya Batino!

Wieder einmal, mit mehr als einem Jahr Unterbruch, nahm ich mir wieder die Freiheit, in die Innerschweiz zu reisen, in die Heimat des Schacher Seppeli - Flüeli Ranft ist für mich immer eine Art Überprüfen der Fundamente, jedes Mal mit grosser Kraft und Klarheit, was meine eigenen Ziele betrifft.

Ein paar Tage zuvor hatte ich mir noch auf einen Notizzettel gekritzelt: 'The Mountain We Climb' und mich dabei an die junge Amanda erinnert, als sie vor gut drei Jahren rezitiert hatte - was nicht alles geschehen ist seither, erst drei Jahre her!

Daraus entwickelte sich dann oben bei der Haltestelle des Postautos, unter den Kastanien bei einem kühlen sauren Most, ein Austausch mit einem Pilger auf der Wanderung nach Santiago de Compostela - seine Jagdhündin, die ihn begleitete, hatte sich wegen den geteerten Strassen eine Blase geholt am Pfoten, so dass sie beide pausieren mussten.

Wir brauchten keine zwei Minuten, dann waren wir beim Kern unseres Austausches - der deutsche Pilger war beeindruckt von der 'Kernigkeit' vieler Schweizer, die er antraf - kurioses Wort, das er benutzte, doch es war begleitet von einem fragenden Blick, wie wenn er mich fragen wollte: 'Weisst Du, was den Unterschied ausmacht zwischen dieser 'Kernigkeit' und dem, wie ich mich fühle?'

Was für ein Thema - wie geschaffen für unser Buch hier! Ich erinnerte mich an die Geschichte von Bruder Klaus, der ja Bauer, Politiker, hoch angesehener Mann war in den Urkantonen. Als sich sein Bedürfnis nach 'Einsiedelei' auszuprägen begann, war es ja begleitet von enorm kraftvollen Träumen - und diese liessen ihn mit der Überzeugung entscheiden, seine Bestimmung liege im Elsass, schön, dass seine Familie mitdachte, mitfühlte.

Und dann, als seine Entscheidung feststand und er sie in die Tat umsetzte, bewegte sich viel mehr, als der Niklaus sich hätte vorstellen können - je näher er dem gesetzten Reiseort kam, desto sicherer wurde seine Klarheit - nein, sein Einsiedlerleben würde genau da seine Erfüllung finden, wo er schon sein ganzes Leben gelebt hatte! Welch erstaunliche Wende, voller Bedeutung, natürlich, liebe Freunde, wir werden sofort haufenweise Parallelen finden in unserem eigenen Leben, wenn wir nur zu sondieren beginnen!

Diese kleine Geschichte löste bei unserem pausierenden Pilger eine Erinnerung aus - er erzählte von einem Menschen, der ihn sehr beeindruckt hatte; dieser, Deutscher, der an seinem Geburtsort wohnte, wusste einfach, dass da in Vietnam etwas wäre, das mit ihm zu tun habe - und reiste dahin, erzählte, er hätte sich noch nie in seinem Leben so zu Hause gefühlt wie mitten im Umland von Hanoi, lernte Vietnamesisch und wurde Teil dieser Umgebung, so harmonisch, wie er sich nie zuvor gefühlt hatte - dieser Eindruck hatte ja offensichtlich unsere sechs Pfoten, die nun pausieren mussten, überhaupt unter diese Kastanienbäume gebracht...

'The Mountain We Climb', (unterdessen habe ich gegoogelt - Amanda sprach damals einfach vom Hill, dem Hügel...)

Unser pausierender Pilger hatte jedoch meinerseits eine Erinnerung hervorgeholt aus jener Zeit, als ich 27 Jahre alt war - da hatte sich mein eigener Schwung zu 'Kernigkeit' einfach Raum zu schaffen begonnen, inmitten einer Umgebung, die nur erstaunt zuschaute - doch dieser Impuls war von so viel Klarheit und enormer Freude, dass sich die Hindernisse vor ihm einfach verflüchtigten - ein solches Erlebnis wünsche ich jedem Einzelnen von uns - und das Verständnis dafür, was es bedeutet!

Drei Monate später sass ich dann wirklich genau da, das erste Mal am Ufer des Guadalquivir (übersetzt: Grosser Fluss), mitten in Sevilla, schaute auf den Torre del Oro - und das Gefühl: 'Genau hier bist Du zuhause, noch nie so stark und klar empfunden wie hier!' - der erste Schritt zum Mountain...

* * *

Doch nach etwa neun Monaten kam auch eine unverhoffte Einsicht von grosser Zerbrechlichkeit - José Luis, ein junger Andalusier, den die Ausländer immer viel mehr fasziniert hatten als das

Einheimische, für das ich meinerseits ja überhaupt hergekommen war, lebte mit einem Herzfehler seit seiner Geburt, und er starb völlig unverhofft an einem Sylvesterabend in Sevilla, mitten in einer Feier unter Gleichaltrigen, das Reanimieren der Notfallärzte war erfolglos geblieben.

Die Tiefe und Intensität dieses Erlebnisses, gemeinsam mit seiner Familie, brach mir meine eigenen Ziele einfach auseinander, äusserlich wäre keinerlei Anlass dazu gewesen, ich hatte eine Wohnung gefunden, konnte mich genau dem widmen, wofür ich hergekommen war - intensiv, konzentriert, wunderbar, höchst lehrreich auf allen Ebenen.

Und doch: Wie wenn jemand einen Faden durchgeschnitten hätte! So entschied ich, mit dem schwersten Herzen, das ich bis dahin kennengelernt hatte - Du musst jetzt zurück, mit allen angefangenen Arbeiten, Du hast keine Wahl, sie müssen unter diesen Umständen abgebrochen werden - grosse Not im Inneren!

Doch etwas müsste doch noch lebendig, verankert bleiben von dem, was mit so viel Freude und Klarheit begonnen hatte! Und wiederum - the Mountain We Climb - war mir klar: 'Ja, bevor Du in die Schweiz zurückkehrst, musst Du noch bis zur Quelle des Guadalquivir wandern, vorher kannst Du nicht zurück, ohne mit einer grossen Verletzung den Rest Deines Lebens leben zu müssen!'

So machte ich mich auf, bis Cazorla fuhr ein Bus - die Spanier sind sehr stolz auf ihre 'Paradores' da oben in der Sierra Nevada, die Herbergen, die vor allem für Jäger letzter Vorposten sind, bevor sie auf die Jagd gehen, hoch hinauf, da wo ich auch hinwollte. Beeindruckende Fotos von Bären, Hirschen, Wölfen, Wildschweinen, immer mit dem Fuss eines Jägers drauf.

So machte ich mich auf, zu Fuss, mit einem dieser Ledertrinkbeutel voller Wasser und ein paar 'bocadillos', immer den kleinen Bächen und Gerinnseln nach, sie fliessen nach unten, ich in die Höhe, mit Freude, Zuversicht und viel Ausdauer, Schritt für Schritt hinauf... (wie gerade erst gestern wieder beim Flüeli).

Jeder Schritt bestätigte: Gut gemacht, jetzt wachsen die nötigen Wurzeln in Dir in die Tiefe, mit jedem Schritt. Der ursprüngliche Impuls wird keinerlei Schaden nehmen, auch wenn Du jetzt, auf halbem Weg dahin, wieder in die Schweiz zurückkehrst... Doch die Erkenntnis wuchs dann auch: 'Die Quelle des Guadalquivir' - ein einziger Ort, aus dem dieser riesige Fluss aus dem Felsen springt? Eher schöne Metapher, doch Natur funktioniert kaum so - es werden hunderte kleine Rinnsale sein, sie vereinen sich dann und werden zum Guadalquivir, beim Ganges auch nicht anders!

Damit wanderte ich, und wanderte, und wanderte, wunderschöne Wälder, dann öffnete sich der Blick zu den Olivenhainen ringsum, einfach nur Wandern am richtigen Ort, zur richtigen Zeit.

Und irgendwann kam ich doch wirklich an genau dieses Ziel - nur, es war kein Fels aus dem der Guadalquivir für mich hervorsprang, sondern eine sanfte, runde Lichtung, voller Sonnenlicht, vollständig bedeckt mit feinem, grünem Moos, unbeschreiblich schön!

Als ich ankam und mich setzte, erkannte ich, dass aus diesem Moos heraus Wasser sprudelte, sanft und kaum hörbar, stetig; diese Lichtung nährte das Rinnsal, dem ich die ganze Zeit gefolgt war!

Was für ein Augenblick! Wieder das Gefühl von 'vollständig zuhause' - genau gleiches Empfinden wie am ersten Abend in Sevilla! Da willst Du nie mehr weg - sicher nie!

Für diesen Fall (wenn es denn gelingen sollte) hatte ich noch vorgesorgt, ein Schlafsack war dabei, olé! Was für eine wunderbare Nacht würde dies hier, moon and stars above!

* * *

Schön, liebe Freunde, wenn wir solche Erlebnisse so tief in unser Erinnerungsvermögen einlassen, dass es uns den Rest unseres Lebens genauso lebendig begleiten wird! Doch die Natur um mich herum brachte mich an jenem Nachmittag zum Neu-Überdenken - es hatte zu nieseln begonnen, ich rechnete nach, wie viele Kilometer ich noch vor mir hätte, ob heute oder dann morgen früh... Und dann sah ich noch, dass zehn Meter vom Ort, an dem ich meinen Schlafsack hinlegen wollte, eine Horde Wildschweine die Baumwurzeln aufgegraben hatten, die Spuren waren noch ziemlich frisch....

So schien mir ein bequemes Bett im nicht allzufernen Parador von Cazorla doch etwas geeigneter, was mein persönliches Schutzbedürfnis betraf....

* * *

Welch wunderbare Erinnerung! Springt einfach so hervor, blank polierter Spiegel, fünfzig Jahre später! Der pausierende Pilger im Schatten der Kastanienbäume im Ranft schien sich bei dieser Erzählung an etwas zu erinnern...

Er liess auch noch offen, ob er seine Pilgerreise mit seiner Hündin wieder aufnehmen wolle, 'ich habe vorsichtshalber all meine kommenden Übernachtungsbuchungen gecancelt'....

Vielleicht war er gerade angekommen, wer weiss, liebe Freunde, unser Pilger auf Standby auf halbem Wege, sein Geheimnis!

Ein seltenes, kurioses Gefühl begleitet mich heute morgen seit dem Aufstehen, und erst jetzt, nach dem Mittagessen, kann ich es langsam orten - wir haben in unserem Sprachgebrauch auch keinen Ausdruck dafür, kennengelernt habe ich ihn erst viel später.

So beschreibe ich im gleichen Zustand wie der kleine Junge, als er staunend vor dem Goldzahn stand... *Es fühlt sich an wie auf dem Pol, entweder Nordpol oder Südpol - die haben eine ganz aussergewöhnliche Eigenschaft: Egal wohin ich mich bewege, es geht immer nach Süden, wenn ich auf dem Nordpol stehe, oder immer nach Norden in der Antarktis - nichts ist wichtig, nichts ist unwichtig* - kein Gefühl von Wichtigkeit, dass ich weiter schreiben sollte, die Freude am Schreiben und Austauschen setzt mich an den Laptop, einziger Impuls, weder wichtig noch belanglos.

Solche Tage sind selten, etwas ist nun vollständig, erfüllt, nichts anderes im Sichtfeld...

Nach dem Schock des Todes von José Luis, so völlig unvorbereitet, war ich dann wieder zurück in der Schweiz, die Luft des ersten Schwunges in Andalusien war draussen, ich stand ziemlich ratlos vor mir selber und vor dem Spiegel, jeden Morgen. Das war eigentlich kein angenehmes Gefühl im Kern, beschämend irgendwie, ohne eigentlich etwas falsch gemacht zu haben...

Heute kommen mir natürlich ganz andere Gedanken, vertraut mit diesen Umständen - Ya Saburo, Ya Batino - da war jene Kraft am Werk, aktiv und höchst kreativ, sie nimmt uns das Orientieren, das Handelnkönnen einfach aus der Hand, fragt uns nicht, ob wir einverstanden seien damit, sie wirkt einfach, diese Kraft!

Sie hielt mich einfach drei Monate lang am 'Herumhängen', einzige Arbeit war, den lieben Freunden, die mich beherbergten - danke nochmals hier - nicht zu sehr auf den Nerv zu gehen, für sie abzuwaschen, einzukaufen, weil sie aktiv im Leben standen...

Dieser Zustand hat noch etwas höchst Gesundes, liebe Freunde, er absorbiert für uns etwas, was uns sonst Schaden zufügen könnte - auch typisch für unsere Zeit hier nach der Sommersonnenwende - er ermüdet unsere Feindbilder, legt sie schlafen - gleiche Wirkung wie bei einem Pferd, das wegen ungehörigem Benehmen aus der Herde ausgeschlossen worden ist - Pferdeflüsterer werden schmunzeln...

Irgendwann beginnt dem Pferd vor lauter Not das Mundwasser zu laufen, es bewegt die Lippen, wie wenn es an einem Schoppen Milch trinken würde... Das Bedürfnis nach Nähe, Freundschaft, Frieden... Wie kann das grüne Gras lächeln...

* * *

Bei mir endete dann diese Zeit des passiven Reifens damit, dass sich der weitere Weg zur Flamencomusik klärte, an einem Abend im Mère Catherine am Limmatquai in Zürich - Isidoro war da mit dem 'Chozas', dem Sänger, feiner Flamencogitarrist, und es stellte sich heraus, dass er in Sevilla wohnte... Mit Isidoro rundete sich dann meine musikalische Pilgerreise nach Andalusien schöner und umfassender, als ich mir je hätte erhoffen können - mit einem riesigen Bastkorb von Wissen und Ansätzen zu Fähigkeiten, die noch zehn weitere Jahre Reifen brauchten danach, por Tientos, por Soleares, por Siguiriya, por Alegrías....

* * *

Liebe Freunde, Ihr wisst ja, ich schulde Euch noch etwas: 'Und was hat das alles nun mit dem Funiculaire in Fribourg zu tun?'

Ja, klar: Wir erleben in unseren Tagen so viele Menschen, die das Gewicht ihrer Verantwortung einfach nicht mehr tragen können, meistens sind die Folgen gravierend, gehen tief, sowohl in unsere Gesundheit und auch in die Kosten. Heute kam gerade die Nachricht, dass Urban, zentraler Verantwortungsträger der FINMA - mitten im Strudel unseres Jahres - alles gegeben hatte, er muss nun seine Gesundheit retten, sie hat in den Turbulenzen vehementen Schaden genommen.

Im Grossen wie im Kleinen gleichermassen - unsere Wahrnehmung ist nicht vollständig, wie beim Pilger auf Standby: Da kennen wir die Gravitationskraft, sie macht uns schwer, zieht uns zur Erde, dank ihr - im richtigen Mass - können wir überhaupt gehen, leben, aktiv sein - wir spielen oft mit unserem Halbwissen, haben gelernt, wie wir einem anderen ein bisschen Zusatzgewicht zuschubsen können, glauben dann, uns selber erleichtert zu haben damit - bis es uns wieder einholt und wir erkennen, dass noch Zins und Zinseszins auf unseren Versuch draufgeschlagen wurde, auf diese Weise Gewicht loswerden zu wollen.

Doch da ist eine Erkenntnis, die uns in den Jahren der spanischen Inquisition aus unserem Wissen und unseren Bibliotheken einfach verloren gegangen ist: Zur Gravitationskraft gehört auch ihre Zwillingskraft - sie ist identisch, und sie zieht uns nach oben - uns selber, überall in der Natur, bewegt das Bedürfnis eines Stramplers in Pampers, sehen zu wollen, was sich bei den Erwachsenen oben auf der Tischplatte tut, trotz allen Wacklern und Plumpsern - sie schafft Gleichgewicht, fruchtbaren Boden, Basis, Zuversicht für all unsere Pläne.

Oder wie könntet Ihr Euch sonst erklären, wie eine einfache Pflanze, eine Bohne zum Beispiel, die Kraft hat, sich durch den Beton einer Strasse ihren Weg nach oben zu bahnen? Sie lässt sich von gar nichts aufhalten, der Beton der Strasse kapituliert irgendwann und öffnet einen Spalt.... Wissen wir, ob die Bohne bei dieser Arbeit wie Farhad wiederholt: 'Shirin, Shirin, Shirin...'? Life is sooo beautiful, liebe Freunde. Weichen wir seinem Gewicht nicht aus! Wir haben diese Erfahrung ja selber gesucht, mit ganzem Herzen!

Um meinen Bastkorb in Andalusien überhaupt so reich füllen zu können, hatte ich genau dies gelernt, ohne überhaupt zu wissen, was ich da gelernt hatte. Isidoro, mein Gitarrenlehrer, erklärte kein Wort dazu, wiederholte einfach immer wieder, so lange bis es bei mir auch angekommen war, unendlich dankbar für seine Geduld, ¡sin precio, amigo, tu amistad, eternamente!

Erst etwa zwanzig Jahre später kam ich das erste Mal in Kontakt mit dem Wissen, das mein Erleben in einen Bezugsrahmen stellte - früher hätte ich es sicher vermasselt oder als lächerlich zur Seite gelegt, für immer verloren....

Doch nun ist es hier, lebendig, gewachsen auf solider Erde - eine grosse Freude war an meinem Flüeli-Tag gestern: Da schnitt ein Bauer hoch oben, quer zum Steilhang, mit seinem Rapid das Gras - wenn wir von weitem zuschauen, kommen uns alle Gedanken, von denen der Bergbauer völlig frei ist: 'Pass auf, Du könntest abrutschen, der Rapid könnte Bocksprünge machen und Dich unter ihm begraben!'

Nichts von alledem, einer seiner Freunde stand unten und erklärte mir, weshalb all dies den Bergbauer nicht einmal ansatzweise beunruhigt - er beschrieb, wie nun die Mähmaschine Mechanismen eingebaut habe, dass sie bockstill stünde, wenn auch nur die geringste Rutschgefahr wirksam würde...

Mit einem Wort: wieder die 'Kernigkeit' von Schweizern, die den Pilger auf Standby so angezogen hatte, bei den einen ausgereift, bei anderen einfach nur im Ansatz vorhanden, noch überdeckt von dem, was wir uns so angewöhnen im Verlaufe der Jahre - da braucht es nur etwas Sonne, die die Wolken aufbricht...

*   *   *

Weder Haselnüsse noch Walnüsse...

zeigen Dir, was in ihnen steckt;
sie geben auch ihr Öl erst heraus,
wenn Du sie aufbrichst.

Es reift nun so viel, liebe Freunde – und wir tun nicht mehr dazu, als einfach wach zu sein und zu erkennen, wer und was da Reife ermöglicht – lange daran gearbeitet, und jetzt erfüllt sich die Zeit, und wir stehen staunend dabei – wie unser lieber Vater, der in seinen letzten Jahren noch zum wachsamen Betrachter geworden war, meine grosse Freude, dies noch erleben zu können mit ihm.

Im Buch zuvor, liebe Freunde, erinnert Ihr Euch? Da erzählte ich Euch vom Haferbrei um das Schlaraffenland, wie es die Kinder in den Erzählungen hören – es braucht fünf grosse Löffel, um sich da durchzuarbeiten, bis das ersehnte Land sich dann zeigt.

Nicht einer der Angesprochenen hatte seinen Löffel in die Hand genommen, um daran zu arbeiten, dass Krummes gerade werden könnte – irgendwie scheint diese Form der Arbeit völlig ausserhalb der Reichweite meiner alten Schulkameraden geblieben zu sein, es wundert mich jeden Tag von Neuem, so einfach, so natürlich, so leicht zu erreichen, eigentlich! Auch all das Wissen, das ich Euch hier immer wieder beschreibe, das ist vielen Millionen von Menschen auf der Welt völlig natürlich, sie nutzen es, wie wir unseren Fahrkartenautomaten am Bahnhof nutzen. Was ist geschehen, dass dies all meinen Jahrgängern hier im Dorf nicht zugänglich scheint? Stimmt ja nicht ganz, meine Aussage hier, ich kenne ja so viele Virtuosen des Lebens hier, in der Zwischenzeit.

Ein paar ganz besondere Tage sind nun zu Ende gegangen, heute ist Montag und ich versuche, höchst verwundert, meine Koordinaten zu überprüfen, wo stehst Du, was liegt hinter Dir, was liegt vor Dir? Die Haferbreimauer ist nun einfach weg, sie hat sich aufgelöst, weil die Zeit reif ist – da ist ein tiefes Gefühl der Dankbarkeit, es überwellt alles andere.

So erzähle ich einfach etwas:

* * *

Vor ein paar Tagen sass ein älteres, etwas gebrechliches Ehepaar im Bus nach Samstagern, etwas ratlos, er zeigte mir eine Aufforderung mit Adresse - ein ukrainisches Ehepaar, erst zwei Wochen hier ('nous habitons im Walder'), und sie wollten nicht zu spät kommen zu ihrem ersten Deutschkurs an der Erlenstrasse.

Der Buschauffeur war eher etwas ratlos, ja, sie könnten bis zum Chrummbächli fahren, doch dann ist es noch ein längerer Weg hinunter bis zur katholischen Kirche... Deutsch ging nicht, Englisch funktionierte auch nicht...

Gino, noch ein lieber Freund, Virtuose seinerseits in seinem Leben, bestätigt: 'Sí, wenn sie bis zum Denner kommen, dann gehen sie richtig!' Doch die Frau schien dem Ganzen wenig zu trauen, wohl auch nicht ihrem Mann, dass er beide zur rechten Zeit an den richtigen Ort bringen könnte.

So stieg ich schliesslich aus, begleitete die beiden zu Fuss wirklich bis zum Denner beim Kreisel und zeigte ihnen, wie sie die Erlenstrasse hinauf zu ihrem Ziel kämen - viel Dankbarkeit bei beiden, natürlich. Mein Privileg als Senior, mich einfach darauf einlassen zu können, meinen Tag so verändern zu lassen, dass er für ein älteres Ehepaar zu etwas wird, woran sie sich erinnern werden, wenn sie vielleicht eines Tages wieder in ihrem eigenen Leben zurück sein werden - möge es möglich werden.

* * *

Ja, liebe Freunde, das Aufbrechen von Nussschalen, wie wollen wir dies an die Hand nehmen? Die feinste aller Methoden, die ich kennengelernt habe ist, dass wir uns nur damit befassen, die harte Schale um unser eigenes Herz aufzubrechen, bis sich das Öl daraus befreit - die anderen Nussschalen werden sich selber öffnen wollen, um ihre Essenz freizugeben.

Über diese Kunst sind so viele Bücher geschrieben worden, in Al-Andalus ebenso wie an vielen Ecken der Welt, in Lhasa ebenso, wunderschöne Thangkas - da war eben ein grossartiger Vortrag darüber in Rikon, halbhoch über dem Dorf. Traurig macht mich immer noch, liebe Freunde, dass da noch etwas Engherziges in unserem Dorf herumgeistert, das dieser Schönheit keinen Eingang in den Kern unseres Dorflebens erlauben will... Wo bist Du, warum willst Du dies verhindern? Da ist keinerlei Sinn in Deinem Bemühen!

Doch die Haferbreimauer ist nun nicht mehr - nichts trennt uns vom Schlaraffenland - es wird unser Dorf erneuern, sicher! Lassen wir uns unsere Koordinaten einfach noch so ausrichten, wie es natürlich ist - daraus werden sich dann die Arbeiten im richtigen Mass, in der richtigen Reihenfolge ergeben, Schritt für Schritt, wie bei Farhad, insh'allah - die Liebe Shirins ist ihm sicher!

Vor zwei Tagen überraschte mich Gino dann, im Bus setzte er sich neben mich, öffnete seine Denner-Tasche und zeigte mir ihren Inhalt - alles reife Feigen, die er angepflanzt hatte in seinem kleinen Garten an der Schwyzerstrasse. Gino wollte wissen, ob die beiden ihren Deutschkurs noch rechtzeitig erreicht hatten, und sagte dann: 'Prendi pure, sono così dolci, nimm so viele Du willst!'

Grazie, amico, fünf nahm ich dann, und sie sind wirklich wunderbar süss, wie Nektar! Eben habe ich Gino wieder gesehen und er strahlte, freute sich über meine Dankbarkeit und den Kommentar zu seinen Feigen, 'ja, auch die Vögel und die Wespen haben sie sehr gern...' Vita pura!

* * *

Und das andere, das noch zu rapportieren ist: Vor einem halben Jahr ist ein ganz besonderer Mensch gestorben, wir kannten uns in der Zeit, als mein Impuls Richtung Al-Andalus sich zu regen begann, unser Austausch war auch ein Gären, die Hefe, die das Aufgehen dieses Impulses ermöglichte.

Nelly, ihre Tochter hatte eine sehr bewegende Todesanzeige im Tages-Anzeiger verfasst - und diese bewegte mein Innerstes tief - sie brachte mich zurück in jene Zeit, die ich Euch ja hier gerade beschreibe. Da ist etwas Konzentrisches in unserem Wesen, es ordnet auch dann, wenn wir uns dessen nicht einmal bewusst sind.

Letzten Samstag trafen wir uns dann, im Weissen Wind in der Altstadt Zürichs, etwa zwanzig Menschen, die alle verbunden waren in dieser Erinnerung, wunderbar intensiv gingen wir alle nochmals zurück in jene Jahre, die unser aller Leben in einer neuen Richtung zusammengebracht hatten - und das sich nach dieser gemeinsamen Zeit in alle Richtungen wieder weiter ausfächerte - zur Staatsanwaltschaft auf einem Ast, zu Schulleitern auf dem nächsten, zu einem irischen Bed and Breakfast, und auch zu den Goldgräberworten...

Natürlich kündigte sich die Vorbereitung auf diesen funkelnden Samstag in einem Traum an: Da war auch Gerry, es hatte sich ein ganz besonderer Lebensweg für ihn herausgeschält, aus dem gleichen Suppentopf, in der Kichererbsen schwammen und protestierten, dass sie zu heiss gekocht würden...

Seine Arbeit fand ihre Wurzeln hoch oben in Graubünden, in einer exklusiven Schule, keiner von uns hätte vermutet, dass dies auch ein Gebiet sein könnte, das uns zugänglich wäre - für Gerry war es dies, o Wunder!

Und mein Traum Freitagnacht? Gerry sass an einem Pult aus edlen Hölzern, und darauf lag neben den anderen Büroutensilien auch ein halboffenes Ei aus Holz, es diente als Briefbeschwerer...

Unser Buch hier kreist ja immer wieder darum, was es braucht, um ein vollständiges Leben leben zu können, nicht irgendwo in Fantasiegebilden, da oder dort, sondern ganz real, hier in unserem Alltag!

Willkommen, Gerry! Die Weisheit unserer Träume gehen so viel tiefer in die innere Wirklichkeit hinein, als uns bewusst ist. Sie nähren sich an dieser kollektiven Lebensquelle, immer zugänglich, immer lebendig für jedes atmende Lebewesen - through the ages I remember, blue eyes crying in the rain...

Wenn uns unsere Mängel bewusst werden...

galoppieren wir auf die Reife zu
und reiten dafür auf zehn Pferden.

Nochmals geschieht unverhofft Schönes - heute ist der erste Oktober, Sonntag - und Bruno steht an der Schwelle zu seinem achten Lebensjahrzehnt, wie wir 1950er uns nun schon mit einiger Übung darin bewegen. Mögen sie erfüllend, abrundend, vollständig werden, ein Kreis von grosser Schönheit, das wünsche ich Dir von Herzen!

Wundersam, wie unsere Ausblicke sich vertiefen, erweitern, ausreifen können, ohne dass wir etwas Wesentliches hätten dazu tun können - ja natürlich, unsere eigenen Arbeiten, Haltungen, Sichtweisen sorgfältig überprüfen, immer wieder von Neuem, das ist das Alltägliche - doch dass sich daraus dann viel mehr Dinge auch mit in Bewegung setzen können, das wächst ja offensichtlich nicht auf unserem Misthaufen - und doch geschieht es dann, wenn die Zeit reif ist dafür.

Ich warte auf etwas Post, so nutzen wir die Zeit, um mit Geduld die Themen zu umrunden, wie es zur Kultur der Sufis gehört - sie nennen solche Abende 'Sohbet', kreisendes Erzählen rund um den Kern unseres Leben. Und so nutze ich die Zeit auf gleiche Weise; wenn wir unsere Themen irgendwann in unseren Zeitungen wiederfinden, meistens als Puzzleteil, so bewahre ich sie sorgfältig auf - wie zum Beispiel gestern in der Sonntagszeitung - da war eine wissenschaftliche Studie mit dem Titel - 'Einstein hatte schon recht, auch die Antimaterie unterliegt der Schwerkraft'...

Nun, liebe Freunde, widerspricht das nun dem, was ich eben in den Seiten zuvor versuchte darzustellen? Es kommt auf die Optik an - da ist auch das 'Hundertste Affen-Prinzip', eine Erkenntnis aus den Lerntheorien. Heute ist ein so friedlicher Herbstabend, Stille ringsherum, freudige Erwartung und mein kleiner Ginkgo auf dem Balkon färbt seine Blätter langsam gelb, welche schöne Blattform!

Also: Auf einer Insel beobachteten Verhaltensforscher etwas – da lebten ganze Horden von Hanuman-Affen, sie waren von Indien her irgendwie auf dieser Inselgruppe gelandet – und sie lebten da ganz feudal – genug Früchte, keine Kälte, die sie bedroht hätte, und kaum Feinde. Und so widmeten sie sich dem evolutionären Lernen, wie dies schon seit Jahrmillionen geschieht; von Zeit zu Zeit holten sie sich von den Palmen Kokosnüsse, oder warteten, bis sie in den Sand fielen, dann machten sie sich über sie her.

Eine Mutter war irgendwann eher irritiert – eine Kokosnuss war ins Meerwasser gefallen, und als sie diese auf einem Stein entzweibrach und begann, das Kokosfleisch abzuknabbern, so verzog sie bald das Gesicht, untersuchte die Nusshälfte nochmals, und schien offensichtlich etwas zu überlegen: 'Kokosfleisch mit Salz, wääák, aber Kokosfleisch mit knirschendem Sand zwischen den Zähnen? Ebenso wäääk'...

Doch das Lernen hörte da nicht auf, sondern entwickelte sich mit jeder neuen Erfahrung weiter: 'Im Wasser gewaschene Kokosnuss – kein Sand, Salz trocknet, Süsswasser ist noch besser'...

Und so begründete dieses einzige Affenweibchen eine neue Dynastie, alle anderen Affen schauten ihr einfach mal zu und dachten wohl: 'Jeder hat Anrecht auf seine Meise...' und frassen weiter Kokosfleisch mit knirschendem Sand zwischen den Zähnen.

Aber ihre eigenen Jungen waren viel wachsamer, schauten ihr sorgfältig zu und begannen auch, ihre Kokosnüsse im Wasser zu waschen – und die Generation danach ebenso – immer nur die direkten Nachkommen dieses einzigen Weibchens!

Irgendwann, nach ein paar Monaten, hatten sich die Gewohnheiten verändert, da war nun etwa die Hälfte der Hanuman-Affen, die zur Fraktion der Kokoswäscher gehörten, und die andere Hälfte blieb bei ihren alten Gewohnheiten – 'Wotsch doch nöd öppe en alte Fuehrmaa lehre Geissle chlöpfe!'...

Was für wunderbare Parallelen, liebe Freunde, in unserem Dorf, im Kanton, im Bund, in Europa, auf der Welt; auch wenn wir in solch kritischen Zeiten leben, ein Umbruch löst den nächsten ab - und für viele von uns wird das Gürtel-enger-Schnallen zum alltäglichen Training - so machen mich diese Perspektiven keineswegs zaghaft - wir müssen uns nur erinnern an all das, was wir ja auch gelernt haben! So viel Lebendiges wartet auf uns, wenn wir ihm nur erlauben, uns auch zu bewegen!

Es geschah dann auf dieser Insel der interessanten Studien nach einer Zeit noch etwas ganz Verblüffendes, das die Verhaltensforscher sicher etwa zwanzigmal überprüfen wollten, bevor sie diese Erkenntnis irgendwo veröffentlichen wollten:

Irgendwann hatte die Gruppe der Kokoswäscher die Anzahl von Hundert erreicht - die Lernlinie immer Mutter zu Kindern - Schritt für Schritt weiter gefächert. Die Verhaltensforscher waren auch gezwungen, ihre Sprache zu erweitern, um dies erfassen zu können:

Es geschah innerhalb weniger Wochen: Als die Anzahl der Kokoswäscher die Hundertergrenze überschritten hatten, übernahmen alle Affen dieser Insel das Kokoswaschen, einfach so, ohne Lernseminare oder 'Influencer', oder 'Opinion Leaders'! Das Kollektiv der Hanuman-Affen betrachtete nun das Kokoswaschen als etablierten Brauch ihrer Spezies - ein ganz Gewiefter würde noch bei der Unesco das Kokoswaschen als immaterielles Kulturgut dieser Gruppe eintragen lassen - die Flamencos taten es...

Die Verblüffung der Verhaltensforscher stieg in der Folge um einen weiteren Quantensprung - als sie die anderen Inseln der Gruppe besuchten und dort das Verhalten der Affen beobachteten - worüber staunten sie? Alle Affen hatten das Kokoswaschen übernommen - in den gleichen wenigen Wochen - sie hatten kein TV, sie hatten kein Babbel, sie wussten nicht einmal so genau, weshalb sie mit dem Kokoswaschen angefangen hatten - 'es gehört nun einfach dazu....'

Ein Lob allen aufmerksamen Müttern, sie lehren uns viel mehr, als wir oft wahrnehmen! Es lehrt uns so viel!

Nun, liebe Freunde, wir nähern uns langsam dem, was bei mir jeweils beide Gefühle auslöst - eine grosse Freude auf der einen Seite, dieses Jahr 2023 wiederum gut genutzt zu haben - ich freue mich darüber, wenn Ihr nachvollziehen könnt, aus dieser Lektüre hier Quervergleiche zu Eurem Leben finden werdet - und, was ein weiteres Ziel ist, dass Ihr Euch ermutigt fühlt, selber so schreiben zu wollen - welch ein Reichtum würde da sichtbar!

Und auf der anderen Seite schwingt auch etwas Wehmut mit, wenn ich mich daran erinnere, wie das Corona-Buch zuvor im Dorf angekommen ist, mit freudiger Überraschung auf der einen Seite, und viel Dankbarkeit - und dann wurde auch das andere Element sichtbar, was uns noch fehlt zu lebendiger Erneuerung. Deswegen schreibt ja vermutlich jeder Mensch, wie vor langer Zeit Victor Jara gesungen hat: '...trabajando en el comienzo de una historia, sin saber el fin...' - Wir arbeiten am Beginn einer Geschichte, ohne deren Ende erkennen zu können' - Menschen für Menschen.

* * *

Gestern Abend, liebe Freunde, hat mich eine SRF-Sendung zum Ernst der Arbeit an diesem Buch zurückgerufen - es war 'Urs direkt' - und er sprach mit Luzia, die uns das erste Mal mit grosser Direktheit vor Ort informierte, vor gut zwei Jahren schon - ihr war der Schrecken ins Gesicht geschrieben, sie war trotzdem klar, direkt, kompetent - wunderbare Eigenschaft, die ihren Preis fordert.

Nun hat sie ein Kind geboren und nimmt sich die nötige Auszeit, um ausheilen zu können. Urs war sehr gut, fein, mitfühlend und liess viel zu - und nachts reagierte mein Inneres auf das, was ich wahrgenommen hatte. Luzias Stimme war gebrochen - dies geschieht, wenn Menschen Dinge erleben, die so intensiv sind, dass sie nicht ansprechbar sind - noch nicht - ein Zustand, den nun Tausende von Menschen den Rest ihres Lebens mit sich tragen werden - Luzia erinnerte daran. Da werden Tausende von Soldaten zurückkommen, sie werden nicht wissen, wo sie anfangen sollen, um ihr eigenes Verhalten wieder ins Leben zurückbringen zu können. Da müssen wir vertiefen, liebe Freunde!

Wenn Du den Schmied nicht kennst…

bei dessen Feuerstelle Du vorbeigehst,
so könnten Dein Haar und Dein Bart anbrennen.

Dieser Abend bringt mich nun zu ernster Arbeit zurück, liebe Freunde, da sind ein paar Dinge, die wir wirklich mit aller Sorgfalt anschauen müssen - im Herbst wird uns noch einiges mehr an Chaos überrennen, und wir sollten so gut wie möglich vorbereitet sein, zumindest in unserem Denken, Fühlen und Handelnkönnen.

Dass ich nun hier mit diesen Worten warne, hat damit zu tun, dass sich in den USA ein 'Patt' abzeichnet, der in Wellen nach Europa und zu uns kommen wird - die Finanzmärkte sind das eine Element, die Ziellosigkeit der politischen Elemente mit Tendenzen zur Selbstauflösung sind das andere.

Auch unsere Gemeindevertreter, Roger und Willy, scheinen nicht in der Lage zu sein, die grosse Qualität des Inputs annehmen, verstehen und umsetzen zu können - kaum in diesem Jahr, mit allen Folgen, die dies wiederum mit sich bringen wird.

* * *

So tue ich das, was ich seit fünf Jahren zurück in unserem Dorf der Kindheit regelmässig tue - ich lade Euch ein, einen Schritt zurück zu machen, um einen Zusammenhang ins Blickfeld zu bekommen, der in unserem Dorf noch überhaupt keinen Platz hat. Ich erkenne allergische Reaktionen bei einigen wenigen, sie platzen von Zeit zu Zeit hervor, und ich wundere mich, was in meiner Arbeit überhaupt so etwas auslösen kann.

Seit fünfundzwanzig Jahren gibt es nun das 'Petama Projekt der Glücklichen Bettler' - der Name ist mit viel Bedacht so gewählt. Darin halte ich das Lebenswerk eines Menschen lebendig, der an einem Schnittpunkt unserer westlichen Kultur kam und Samen säte, in den USA, in Russland, in Europa, in der Schweiz. Er starb schon mit 45 Jahren, ein Komet an Wissen und Grösse, der sich aufgebraucht hatte an dem, was der Westen für ihn bereit hielt.

So komme ich gleich zum Kern von dem, was sich nun bei uns breit gemacht habt - Ihr hört und seht es jeden Tag im Fernsehen, im Radio, in den Zeitungen - da ist etwas Zentrales verloren gegangen, Alain Berset sagt: 'Alles geht in die falsche Richtung', ein amerikanischer 'Lawmaker' beschreibt: 'Da ist keinerlei Wille mehr, das Land zu verbessern, aufzubauen, sich den Inhalten zu stellen, die so drängen - da ist nur noch das Ziel, so viel politisches Leid wie möglich zuzufügen...'

Gute Worte, präzise Worte. So widmen wir uns dem, was da verloren gegangen ist - wir haben in unserer Sprache keine adäquaten Worte dafür, und so gehe ich dahin, wo wir dies auch präzis benennen können - meine Freude, all diese Menschen kennengelernt zu haben, die sich dem Mangel aktiv stellen können - wir brauchen dafür zwei Sprachen, Sanskrit und Arabisch.

Wir sollten uns auch bewusst sein, wenn es geht, dass der Begründer unserer Kultur, Jesus, in seiner Muttersprache Aramäisch lehrte, sich unterhielt, so viele Gleichnisse schuf, für unser Verständnis - doch die vielen subtilen Nuancen der aramäischen Sprache wurden sehr oft platt gedrückt, griechisch, lateinisch, deutsch - auch da müsste Klarheit und Raum kommen - gerade wird in Rom debattiert, ob ein kircheneigener Gerichtshof geschaffen werden soll - wie kann so etwas Lösung sein wollen? Da verbrennen wir uns sicher Haar und Bart daran, wenn nicht noch mehr.

Daher gehen wir lieber dahin, wo Sprache sorgfältiger genutzt wird - Hindus und Buddhisten sind gleichermassen vertraut mit dem Wort 'Dharma' - ein Zwillingswort zu dem, was wir ja immer wieder einmal benutzen, meistens auf seltsame Weise: 'Es isch halt miis Karma, dass i vo de Zigarette nöd los chume...' - eines von vielen Beispielen. Da bleiben wir nicht stehen, sondern:

Was wir 'Bestimmung in unserem Leben' nennen könnten, weist zwei Aspekte auf - eben Karma und Dharma. Karma beschreibt die Elemente, die ausserhalb unseres Raumes liegen, den wir gestalten können, doch Dharma beschreibt die Elemente, die wir sehr wohl formen und nutzen können, dass unser Leben eine Richtung halten kann, die Sinn schafft, für uns selber ebenso wie für uns als Gemeinde.

Erinnert Ihr Euch an unseren Pilger auf Standby im Flüeli-Ranft? Er bezog sich auf das, was er 'Schweizer Kernigkeit' nannte - wenn wir mehr Zeit gehabt hätten zusammen, hätte ich ihn gefragt: 'Würden Sie diese Kernigkeit gleichsetzen mit 'lebendigem Dharma?' Da wären wir wohl den ganzen Abend zusammengesessen und hätten alle Facetten davon ausgelotet.

Der Freund des Bergbauern beschrieb mir, was seinen Bauern am schrägen Hang so sicher machte beim Mähen mit dem Rapid - gebündeltes Dharma-Wissen, würden sich jede Tibeterin, jeder Tibeter daran freuen. Also, wie können wir Dharma übersetzen in unsere Sprache, dass es Sinn ergibt?

Die klarste Übersetzung heisst einfach nur 'Pflicht' - wir alle wissen, was Pflicht ist, jeden Morgen, wenn wir aufstehen, steht die eine oder andere Form von Pflicht vor uns, selber auferlegt oder von jemand anders in unser Bewusstsein gepflanzt - doch Pflicht bleibt Pflicht, ob wir sie annehmen, oder ob wir ihr ausweichen wollen.

Und jetzt kommt ein Satz, liebe Freunde, da werden wohl fünfzig Leser dieses Buch mit Schwung in die Ecke pfeffern und nie mehr hervorholen - doch der Satz, der steht eben trotzdem so da:

'Das Erfüllen von Dharma befreit von Auswirkungen des Karma'

Nicht nur dies, sondern noch viel mehr, da ist eine subtile Wissenschaft, so viele Menschen, auch Richterswiler, nutzen sie auf wunderschöne Weise - die Hanuman-Affen haben die nötige Anzahl schon erreicht. Gerade wenn das Buch herauskommen wird, insh'allah, wird dies auch Thema sein im Petama-Forum.

Und nun kommen wir noch zu einem weiteren verblüffenden Quervergleich, liebe Freunde, näher beim Aramäischen und unserem Alltag: Dieses gleiche Wort 'Dharma' heisst im orientalischen Sprachgebrauch 'Yaqin' - was meint Ihr denn dazu? Der Aramäer hatte seinen Freunden diese Unterscheidung ganz sicher fünfzig- oder hundertmal erklärt, bis sie es dann verinnerlichen konnten!

Und die Verblüffung in Fussballerkreisen wird mit Händen zu greifen sein - was, genau so wie unser Nationaltrainer heisst? Ja, liebe Freunde, genau so - Ihr könnt Euer Wissen gerne vertiefen mit den Petama-Texten!

Habt Ihr Euch auch schon gewundert, wie der Nationaltrainer mit Granit, seinem 'Chef im Mittelfeld', umgeht? Nun, die beiden verbindet ein Verständnis - eben 'Yaqin', beschreiben wir es als 'Liebe zur kreativen Gestaltungspflicht', die beide gemeinsam teilen? Wir könnten uns den Mund fransig reden, wenn wir Formen dieser Liebe auseinandernehmen - doch die beiden, Murat und Granit, kriegen sich deswegen nicht in die Wolle, nicht ernsthaft.

* * *

Und so komme ich zu Dir zurück, Roger: Wie könntest Du Dir eine Dimension von 'Yaqin' erarbeiten, die in unserem Dorf sofort als solche erkannt werden wird - eine Qualität und Dimension, die unsere Stimmbürger, wie wir uns ja einig sind, fünfzig Jahre lang nicht erlebt und vermisst haben?

Nun, Roger, ich kann Dir ganz einfach diese Anleitungen geben, praktisch, für jeden Tag! Wenn Du die Petama-Projekt-Website als Orientierung nimmst, wirst Du bis an Dein Lebensende dazulernen können - ich tue es seit fünfundzwanzig Jahren - und ich habe noch lange nicht 'ausgelernt', wie könnte ich?

Doch ein reiches Leben, das nicht eine Sekunde langweilig sein kann, das bringt Dharma, oder Yaqin, sicher, versprochen, Sicherheit, Souveränität - willkommen, auch Marcel hätte seine Freude!

* * *

Liebe Freunde, eine direkte Antwort auf die Not, die in der Stimme Luzias hörbar wurde - so viel Leid trägt die Frau!

Geh und besuche Deine Freunde regelmässig...

sonst wachsen vielleicht auf dem Weg zu ihnen
Dornen und Büsche.

Nun, Roger, liebe Freunde, wenn die Pferde zu galoppieren beginnen - wo hat unsere Heimat ihre Wurzeln? Wenn sie wirklich verwurzelt ist, so kommen die richtigen Dinge in der richtigen Weise zu uns - das älteste Naturgesetz, das wir kennen - schon Adam und Eva erkannten dies - gehen wir weit zurück, um zu verstehen, was in diesen Tagen in Rom debattiert wird!

Was wäre, wenn nun 'die Rippe' gar nichts mit Schuld und Verbannung zu tun hätte, sondern die beiden dem Schlaraffenland einfach nur den Rücken zugedreht haben? Wenn wir in die Sonne schauen, so liegt unser Schatten hinter uns; wenn wir uns umdrehen, so liegt unser Schatten ganz lang vor uns, verdunkelt viel. Wünschen wir uns, dass unser Francesco Bergoglio den Ausweg aus dem Labyrinth finden kann - vielleicht hatte er ja, als er hineinging, ein kleines Knäuel Bindfaden dabei, er müsste nur etwas zupfen daran... Ich übe oft, verkrustete Denkmuster aus neuer Optik zu betrachten - auch ein weiser Rat...

Wo waren wir, Roger? Ach ja, bei unserem Thema - heute Morgen, wie schön sind manchmal Routinen, war ich im Dorfzentrum unterwegs - und ich treffe Orazio beim Kaffee, wir hatten das erste Mal etwas mehr Zeit auszutauschen - wie wunderbar, was zeigt sich?

Orazio ist Jahrgang 1948, und er erzählte mir, wie er überhaupt nach Richterswil kam - er hatte einen Freund besucht, dem war nicht so wohl in seiner Haut hier, die damaligen Umstände drückten auf sein Herz, Saisonnierstatute, Familie zu Hause in Italien... und so wünschte er sich einen guten Freund in der Nähe - Orazio liess sich bewegen, Roger, und deshalb haben wir seit so vielen Jahren einen treuen Hüter unseres Bären - auch die Kopie im Ballenberg hatte er schon bestaunt, eine lange Weile her.

Ich fragte etwas nach bei Orazio: 'Kanntest Du vielleicht noch Belotti, den 'Goldzahn'? Du hättest das Gesicht von Orazio sehen sollen, Roger, es begann wirklich aufzuleuchten, von innen her, mit all den Erinnerungen!

'Certo, sicher kannte ich ihn, und auch seinen Freund, der immer mit den kurzen Hosen unterwegs war, immer zusammen bei der Arbeit, beides Bergamaschi - con una gran reputazione di muratori' - der Spelgatti hatte wirklich super Bauarbeiter, die Maurer aus Bergamo waren so präzis und sorgfältig beim Arbeiten wie niemand anderes, sie liebten gute Arbeit!'

Und so floss unser Gespräch dahin, weiter im Flussbett - und was kam heraus? Orazio hatte sich einen Ruf geschaffen, der beste Baggerführer weit und breit zu sein - er beschrieb mir, wie er sich vorbereitete darauf, dass er einen vier Meter tiefen Graben öffnen sollte, unten drückte schon das Grundwasser durch....

Und was beschrieb er, guter Roger? Die wunderbar reifste Form von 'Dharma', schon wieder treffen wir sie an! Geh durchs Dorf, Roger, im gleichen Rhythmus wie ich - und Du findest an jeder Ecke genau diese gleichen Fähigkeiten, bei jedem Einzelnen, in deren Dienst wir stehen, wenn wir Verantwortung und Funktionen übernehmen.

Ich erinnerte mich daran, dass Baggerführer in jenen Jahren auch die 'Matratzen' auf der Baustelle hatten - etwa zehn hölzerne Bahnschwellen, die mit Drahtseilen zusammengebunden waren - mit einer grossen Öse an einer Ecke. In diese hängte dann der gewiefte Baggerführer seinen Baggerzahn ein, hob die Matratze an und legte sie vor sich in den Schlamm, dass der Bagger nicht einsinken konnte, wenn die Baustelle sumpfig oder lehmig war.

Und wiederum, Heimat, 'Dharma', Roger: Ich sah Orazio an, wie er in Gedanken welche Baggerhebel in Bewegung setzte, um die Stabilität seiner eigenen Arbeit zu sichern - heute noch, fünfzig Jahre später! Wenn Du nur aufmerksam bist, überall wirst Du es finden, in jedem Büro, auf jedem Arbeitsplatz!

Und unser lieber Vater schnitzte uns Buben in seiner freien Zeit aus dem Feuerholz im Keller solche kleinen Matratzen, massstabgerecht zu unserem Spielzeugbagger; und so lernten wir mit fünf und zwei Jahren diese gleichen Hebel in Bewegung zu setzen.

* * *

Nun, Roger, liebst Du Dein eigenes Leben, Deine Arbeit auch so? Wir haben nur dieses eine, nehmen wir die Grundsätze unserer einheimischen Philosophie als Basis, also keine 'Hindu-Ehrenrunden' zugut, so dass das Nirvana noch etwas warten könnte.

Es kommt heute darauf an, keiner hat in unserem Dorfgefüge eine derart privilegierte Position wie Du, Roger, das sollten wir nicht vergessen - siehst Du selber dies auch so? Ich nehme ja nicht das, was ich wahrnehme, als einzigen Massstab, ich versuche, Eure Massstäbe und ihre Qualität mit einzubeziehen - wie Du ja weisst, Gebäude sprechen eine Sprache, sie haben einen Namen, und damit auch eine Identität wie wir Menschen, sie folgen dem Rhythmus von Entstehen, Leben und Ende, in anderen Dimensionen als jene, die wir von uns selber kennen.

Ich verstehe gut, Roger, dass Du Dich in Deinem Leben gar nicht darauf eingestellt hast, das hier auf diese Weise zu erleben - der Hansjörg folgte einem spontanen Impuls, vor nun schon vier Jahren - als sein Inneres spürte, worum es geht, sagte er: 'Am besten mache ich, dass ich sofort nach Hause komme'... Das war spontan, es enthüllte alles, was bei Euch in Schubladen liegt - räume mit allen Dingen, die Dir möglich sind, auf - möglicherweise liegen gar nicht so viele Dornen und Büsche auf dem Weg zum Freund, könnte ja sein!

Du wirst ja noch ein paar Zyklen mehr vor Dir haben - ich lebe nun mein achtes Lebensjahrzehnt - bei mir ist das Ende meiner Zeit schon gut absehbar, beruhigend einfach - so gebe ich mein Bestes heute, jeden Tag, so, wie es als Dharma vor mir steht.

* * *

Ein Papagei plappert nach...

doch ein Mensch sucht immer das Richtige,
das Gute und das Schöne.
Sein sorgfältiges Wählen macht ihn zum Menschen..

Liebe Freunde, wir bewegen uns langsam auf den Abschluss unseres gemeinsamen Jahres vor - auch in diesem Buch hier - und so will ich den Akzent nochmals darauf legen, was wir tun können, wenn der Essig nochmals um vieles saurer wird, wenn wir die Nachrichten anschauen.

In den vielen Jahren der Arbeit und des Studiums - aus diesem Grund drehen sich ja viele Inhalte um dieses Zentrum - wurde ich auf so schöne Weise vertraut mit etwas, das an der Oberfläche immer wieder wie ein unauflösbarer Widerspruch daherkommt - es geht um die Hierarchien in unserem Berufsleben, und deren Ablegern in Institutionen, Schulen, Administrationen, also wieder ein Thema für Dich, Roger - unter vielen anderen.

Meine zentralste Inspirationsquelle, Hazrat Inayat Khan, beschrieb dieses Arbeitsgebiet als 'Kunst der Persönlichkeit' - und eine einfache Umschreibung dieses Themenkreises könnte vielleicht sein:

Dass es 'einen braucht, der am Schluss entscheidet' - wir kennen alle Spielarten davon, immer wieder erlebt, natürlich - wir nennen ihn (oder sie, seltener) auch Chef, Kommandant, oder wie auch immer, je nach Biotop.

Und da hört ihr vom Puran, dem Buchschreiber, ja immer wieder - genügt nicht, betrachtet doch die Folgen von diesem Denkmuster - wie könnt Ihr nur so eindimensional denken und handeln! Und obwohl es immer sehr liebevoll gemeint ist - so kommt es nur bei ganz wenigen an, was ist da so verhockt?

Da möchte ich mit ein paar Beispielen Honig darauf träufeln, Ernst, mein Nachbar hat mir gerade einen feinen Topf davon geschenkt, herzlichen Dank, guter Freund! So sammle ich für Euch ein paar der Aussagen in diesem Zusammenhang, wie ich selber damit vertraut wurde - am Anfang mit viel Verwunderung, erst mit der Zeit dann mit Verständnis - aha.... so schaffen wir den Raum dafür!

* * *

Die einfachste Beschreibung kam von Hidayat, dem Sohn von Murshid - er sagte einmal nur beiläufig: 'Es ist schön, wenn wir, bevor wir sprechen oder handeln, schon verstanden und gespürt haben, wie das, was wir sagen oder tun, bei unserem Gegenüber ankommen wird...' Dieser einfache Satz läutete mir noch lange in den Ohren! Wie sollen wir so etwas ausloten lernen? Ohne Worte?

Und dann war da an einem reichen Sommerabend an der Nordseeküste, in den Dünen von Katwijk, eine Frau zu Besuch, sie hielt einen Vortrag - Rabia kam aus San Francisco und hatte viele Jahre mit den Müttern der Ghettokindern der Streetgangs gearbeitet, wunderbare Reife in ihrer Sprache und ihrem Handeln.

Sie war an diesem Abend unbestritten 'Chef, Anführerin, Kommandantin' - und nicht eine oder einer der Anwesenden hätte sich daran auch nur eine Sekunde lang stören können - da war nur Inspiration, Geduld, Mut, Klarheit, in dem, was sie sagte und in dem, wer sie als Mensch ist. Du hättest Deine helle Freude an ihr gehabt, Roger, wärest Du doch dabei gewesen!

Was machte den Unterschied aus? Die Musikalität in ihrer Persönlichkeit, einfacher ist es nicht zu beschreiben - doch dann beschrieb sie auch, klar, einfach, mit Worten wie Honig! Sie sagte:

'Im Lernen und Lehren können wir, um Freude hervorzubringen an dem, was wir tun, ein einfaches Gegensatzpaar als Sinnbild vor uns halten: Die Sonne und den Mond'.

(Ihr Sinnbild hat mir dann, etwa zwei Jahre später, das Tor geöffnet zu einer höchst anspruchsvollen Arbeit in Ungarn). Rabia fuhr dann fort:

'Was wir in jeder Lernsituation immer wieder antreffen, auf jeder Stufe, ist das Sonnenprinzip – die einfache Linie, sie heisst:

Ich bin der Lehrer, die Lehrerin.
Alles Wissen ist bei mir,
alle Bewertungskriterien sind bei mir.
Ich führe Dich dahin, wo ich weiss.
Ich bin die Sonne, sie spendet und ist allwissend.

Du bist Schüler, Schülerin,
Dir fehlt das Wissen, deshalb bist Du hier,
ob Du weisst oder nicht, kannst Du nicht bewerten.
Du musst dahin geführt werden, wo Du nicht weisst.
Du bist der Mond, Du nimmst auf und spiegelst die Sonne.

* * *

Das haben wir ja auf unserem Spaziergang früher im Jahr auch schon angetroffen, erinnert Ihr Euch, liebe Freunde?

Unter den Anwesenden waren viele erfahrene Menschen, in ihren Funktionen oft sogar mehr als führend, in vielen verschiedenen Lebensbereichen – als sie diese Worte hörten, schluckten viele einmal leer und nahmen im Inneren vorsichtshalber mal ihre Fäuste hoch...

Doch dann kam mehr von Rabia, sie ging dahin, wo wir Mensch sind, empfindungsfähig, von Natur aus neugierig darauf, zu lernen, zu verstehen, den Reichtum des Menschseins und des Wissenkönnens auszuloten – was beschrieb sie dann?

Sie beschrieb sich als Musikerin im Orchester unseres Menschseins – sie sagte: 'Natürlich erwarten wir von einer Sonne, dass sie uns die Lebensimpulse gibt, dass sie wärmt, dass sie intelligent ist, dass sie umfassend sein und allwissend ist – doch nicht pausenlos und nur so!

So schauen wir genau hin, wenn wir eine Schar Kinder vor uns haben, was bringen sie mit? Genau das, was wir uns wünschen, Frische, Aufmerksamkeit, neues Leben, noch nie so dagewesen!

Wenn ich mich also als Sonne vor diese Gruppe Kinder stelle, was werde ich bewirken, unweigerlich? Sie werden zu Monden werden, aus ihrer natürlichen Neugier heraus, aufnehmen zu wollen, widerspiegeln zu wollen, das Widerspiegeln in hundert Varianten einüben zu können!

Doch das ist ja nur die eine Hälfte des Wesens eines Kindes, die andere Hälfte, wenn sie nicht beschädigt wurde, ist das genauso natürliche Bedürfnis, selber Sonne zu sein - und es gibt nichts Schöneres, als im Handeln eines Kindes Sonnenlicht zu erkennen!'

* * *

Wunderschön, was dann in der kurzen Pause, die folgte, geschah unter den vielen bereits schon ergrauten Häuptern - sie sprühten selber von Erinnerungen, waren kaum zu halten im Austausch längst vergessen geglaubter Empfindungen und Erinnerungen!

Als sich das viele Gemurmel wieder gelegt hatte, fasste Rabia zusammen, wirklich meisterhaft - und deshalb habe ich mit Euch, liebe Richterswiler Verantwortliche, so sorgfältig gearbeitet, volle fünf Jahre - zum gleichen Inhalt. Rabia beschrieb dann:

Das ganz einfache Wunder geschieht in dem Augenblick,
an dem ich mich als Empfangende im Orchester des Lebens
zu begreifen beginne - ich verstehe die Symbolik von Sonne
und Mond, weiss, wie ich sie zur Freude von uns allen anwenden
kann - mein Lernen/Lehren wird so zu einem wirklichen Tanz!

So gebe ich, zu Beginn einer Lerneinheit, natürlich,
wie es alle erwarten, meinen 'Sonnenimpuls',
dafür ist meine erste Funktion da, ich werde dafür bezahlt.
Doch dann, wenn ich wahrnehme, dass der Impuls
angekommen ist und Bewegung ausgelöst hat,
so kommt meine viel zentralere Funktion:
Ich werde selber zum Mond, in meinem Denken und Fühlen.

Es gibt nichts Schöneres auf der Welt, als so viele
kleine Sonnen vor uns aufleuchten zu sehen!

Was für ein Abend, liebe Freunde! Er ist nun in den vielen Jahren für mich so zum eigenen Leben geworden, dass ich diese Elemente überall erkennen kann, ganz leicht - und wer diese Form der Musikalität einmal erlebt hat, wird sie sein ganzes Leben lang weder vergessen noch verlieren - sie hat den Kern berührt, wer wir als Menschen sind - weit und breit keine Haferbreimauer mehr!

* * *

Am nächsten Morgen trafen wir uns wieder, für die nächsten geplanten Inhalte dieses Seminars - doch bei den in ihren Titeln und Auszeichnungen ruhenden grauen Häuptern war etwas geschehen, so war an eine Fortsetzung des Seminars nicht zu denken - beweglich genug planten wir um und gaben ihnen Raum, das in Worte zu fassen, was sie bewegt hatte - unsere Mond-Funktion, zentraler als alles andere an diesem Morgen.

Und so begannen sie zu beschreiben, von ganzen Wellen von Träumen in der Nacht, die vieles überschwemmten, was sie bisher als gesichert betrachtet hatten. Da hatte sich wohl nicht nur eine Bohne ihren Weg durch die Betondecke gesucht und sah nun zum ersten Mal das Sonnenlicht...

Sie brachten ihre alten Puzzleteile des Vortages einfach nicht mehr zusammen, als sie erwachten - und die guten Menschen überprüften wohl zehnmal vor dem Spiegel am Morgen, ob sie irgendwelche Zeichen erkennen konnten, die dieses neue Gefühl in ihnen als Merkmal in ihren Gesichtszügen widerspiegeln würde - doch sie blieben da ziemlich ratlos - wunderbar!

* * *

Liebe Freunde, natürlich habe ich ein paar Erfahrungen gemacht, die würde ich Euch von Herzen wünschen, doch Ihr wart ja hier, all diese Jahre - wir können so etwas nicht 'transferieren' und denken, unsere Vorstellung von Hierarchie genüge uns, einfach so. Einmal, vor vielen Jahren, besuchte ich Rabia, sie wohnte in Oakland - Thomi, während diesen zwei Wochen war ich der Cosmo's Factoy so nahe wie nie zuvor und nie danach...

Apropos Träume, liebe Freunde, heute Morgen erwachte ich ziemlich erstaunt über einen Traum meinerseits: Da lagen in dem, was wir früher Schüttstein nannten, (heute ist er wohl eher aus veredeltem Chromstahl) drei wirklich grosse, dicke Kartoffeln, etwas verdreckt, jemand hatte sie da liegenlassen. So nahm ich sie, putzte sie sorgfältig und legte sie in eine Schüssel, bereit für ihre Weiterverarbeitung...

Das ist natürlich wieder Futter für uns Traumdeuter – wie machen wir uns daran? Ich nur mit ganz wenigen Überlegungen – es ist offensichtlich ein Traum in einem jungen Stadium – da sind ein paar dicke Inhalte, das stimmt, an denen habe ich gearbeitet, viele Jahre lang, auf eine Weise, die an anderen Stellen in unserer Gesellschaft der Verantwortlichen beantwortet und aufgenommen werden müssten – Roger, deshalb tauschen wir ja auch hier so sorgfältig aus.

Doch, wie wir gerade heute in der Zürichsee-Zeitung und auf dem Werbezettel im Briefkasten wieder lesen, liegen diese noch herum, weil die Verantwortlichen auf bequemere Weise lesen wollen als das, was aufgenommen werden müsste.

Aber sie sind nun Kartoffeln, Organisches, Gesundes, und sie werden in einen Kochtopf kommen, der viel Nahrung geben wird, wenn die Zeit reif ist dafür – höchst wunderbar! Was gibt uns unser Leben nicht alles an Rohmaterial, an dem wir arbeiten können, vielleicht werden noch ein paar Kichererbsen mit in den Topf kommen...

* * *

So belassen wir es, liebe Freunde, einfach genau hier, für heute – da ist noch eine Komposition, sie wartet auf ein abgerundetes Finale!

Und noch etwas ist gestern geschehen, Roger, hast Du dies mitbekommen? Da sind nun eine Reihe von Amtsstellen in unserem Dorf, die freuen sich ganz offensichtlich daran, effiziente und runde Arbeit leisten zu können – wir haben noch ein schönes Beispiel dafür erlebt – auch da scheint sich der Acker vorzubereiten für eine Ernte, die vielleicht im nächsten Jahr so sichtbar werden kann, wie wir dies ja fünf Jahre lang vorbereitet haben, Roger!

Nichts, was schöner sein könnte, wenn wir uns nun langsam auf das Umgraben der Äcker machen können, als Vorbereitung auf das Neue – gerade vor zwei Tagen haben wir ja auch die Miss Richterswil-Samstagern gekürt, oben bei der Zopfschmitten!

Seit den Zeiten der älten Ägyptern sind sich Bauern bewusst, wie wichtig es ist, gerade Furchen zu pflügen, das eine Rad des Pfluges ist kleiner als das andere, und doch ist vollkommene Balance die Voraussetzung dafür, gerade Furchen pflügen zu können, befass Dich auch damit, Roger – setze dieses Verständnis um in Deine höchst privilegierte Position im Gefüge unseres Dorfes!

Ich vermisse dieses Jahr Eure Ratsberichte, nicht einer hat uns erreicht, kein gutes Zeichen, Roger – da sind offenbar zu viele Dornen und Büsche gewachsen auf dem Weg zu Euren Freunden. Es sind diejenigen, die Euch ja ihre Stimme gegeben, das Privileg geschenkt haben, da zu stehen, wo Ihr steht! Euer Mangel belastet nicht nur Euch selber, Ihr verursacht auch viel Trauer bei jenen, die als Virtuosen hier bei uns leben! Erinnert Ihr Euch nicht, wie zentral es ist, unsere eigenen Gedankengänge nachvollziehbar zu machen für alle?

Was haben die Virtuosen mit Euch gemeinsam, Willy, Roger, Marcel, Ruedi, Christian? Es sind Menschen, und sie sind, wie wir alle, auch verletzliche Menschen, oder auch wirklich tief verletzte Menschen – wir sehen ihnen dies von aussen nicht einfach so an, es braucht unser Bedürfnis und unsere Bereitschaft, diese auch erkennen und berücksichtigen zu wollen in unseren Einschätzungen und Handlungen, liebe Freunde!

Wir alle kennen ja die Formen, wie Verletzungen entstehen, entweder ganz persönlich und direkt, oder wir zielen darauf ab, Menschen institutionell ins Unrecht zu versetzen, koordiniert.

* * *

Wo Not ist, da geht das Heilen hin,

wo ein Gefäss ist, da sammelt sich das Wasser.

Nun, liebe Freunde, wir gehen auf das Abrunden unseres gemeinsamen Jahres im Dorf unserer Kindheit zu. So bleiben wir einen Augenblick stehen und betrachten die verschiedenen Szenarien, die wir heute sehen - viel besprochen auf allen Kanälen.

Da sind, wie schon seit so viele Jahrhunderten, zwei Brüder (vor allem Brüder), die brauchen einander gegenseitig, der eine ist des anderen Ergänzung - so ist die Natur unseres Lebens angelegt. Doch ihre Sichtweise ist noch nicht so, sie bricht sich selber jeweils in Zyklen, und so eilen die einen quer durch die Welt, in grosser Hektik, um sich um den einen Bruder zu scharen, und sie überbieten sich gegenseitig im Schütteln der Keulen, während bei ihnen zu Hause ein paar Wühlmäuse die Getreidekammern plündern.

Wenn Krähen laut schreien, unterbricht die Nachtigall ihren Gesang - ein anderer Aphorismus aus unserer gleichen Quelle - so wenden wir uns dem zu, was ich seit fünf Jahren in unserem Dorf hier tue, liebe Freunde - ich repariere Schritt für Schritt unser gemeinsames Gefäss und modelliere es so weit, dass sich alles Wasser darin sammeln kann - wir sind ja mit der Quelle hoch oben beim Mistlibühl in einer privilegierten Situation, die nicht viele Gemeinden so ihr eigen nennen können.

Die Szenarien, in denen die beiden Brüder leben, die tun manchmal nicht nur in den Ohren weh - die Nachrichten darüber sind nicht täglich so präsent wie jene, die 'Breaking News' schaffen - vor denen stehen wir manchmal wie erstarrte Kaninchen, und dann vergessen wir, dass wir uns eigentlich bewegen, Raum schaffen und einen Riss im Gefäss reparieren könnten, uns steht ja so viel zur Verfügung, an Wissen, an Fähigkeiten, an Menschen, die mit uns gemeinsam diese Arbeit angehen könnten… Niemand würde uns hindern, wir haben uns selber ja immer dabei, wo immer wir hingehen…

* * *

Wir orientieren uns ja sehr viel am 'Leader im Westen' – doch der ist schon seit unserem letzten Buch vehement am Schleudern, und die Wellen, die sich dann quer über die Kontinente als Folge davon ausbreiten werden, die haben wir ja nun in enger Abfolge erlebt, immer wieder.

Aus diesem Grund habe ich meinerseits so sorgfältig gearbeitet, liebe Freunde, unser Roger bewahrt in seiner Schublade alle Elemente auf, die es braucht, um als gesundes, lebendiges Dorf antworten zu können auf das, was wir in den kommenden Jahren ja erleben werden. Doch diese Tatsache bringt unserem Roger nicht Erleichterung, sondern ernsthafte Not, zuerst einmal, bevor dann die Arbeit überhaupt beginnen kann, er findet den Zugang zur eigenen Schublade noch nicht.

Wir sollten uns dessen so bewusst sein, wie wir nur können! Den Raum dafür, das Weiterwerden Deines Gefässes, das musst Du Dir selber erarbeiten, lieber Freund, liebe Freundin, in individueller Disziplin, Schritt für Schritt – so war es schon immer, niemand kann es für Dich tun, nur Du selber kannst Dich an die Kandare nehmen; die einfache Bedeutung von 'Yoga' – es bedeutet einfach nur das Joch, das jeweils früher ein Pferd oder ein Ochse umgelegt erhalten bekam, und sie so verstanden, was sie zu ziehen hatten.

Liebe Freunde, Ihr habt ja wahrgenommen, dass ich Euch ganz sorgfältig näher ans Leben heranführe, mit viel Verständnis. Mein ganzes Leben bestand daraus, und so nehme ich meinerseits heute natürlich wahr, was noch fehlt, auch nach fünf Jahren noch.

Da sind nun vier kleine Videos, die all unsere Kernthemen auf eine Weise illustrieren, dass wir sie von allen Seiten her betrachten können, ohne Hast, mit aller Achtsamkeit, die sie verdienen – dies ist das eine Element.

Und dann, wenn ich nahe hingehe zu denen, die Not erleben – die Abhängigkeiten, wie Ihr sie Euch selber geschaffen habt in den vielen Jahren zuvor, liebe Freunde, die sind nun um vieles schärfer geworden, in den elektronischen Amtsnachrichten nachzulesen –

in den täglichen Gesprächen Thema - und unsere Zeit ist nicht unbeschränkt - dies ist das andere Element.

* * *

Da stehen wir heute, an diesem Wochenende findet auch das Spektakel statt, das sich bei uns alle vier Jahre wiederholt - für unser gemeinschaftliches Regieren auf Bundesebene - Nachtigallen warten ab und sind still; tun wir es ihnen gleich, nachher wird die Möglichkeit zu sachbezogenerem Handeln wieder kommen.

Schön ist, wie sich die Komposition dieses Jahres Schritt für Schritt zusammengefügt hat, das weite Gefäss ist offensichtlich intakt, weist keine Risse mehr auf, das ist aussergewöhnlich, wenn wir das Heute mit den letzten zehn Jahre Arbeit vergleichen - keine Haferbreimauern mehr, ringsherum!

Und so freuen wir uns, dass in diese Stille hinein ganz überraschende und feine Nachrichten kommen - über eine Heilung in einer kritischen Situation bei den einen, über eine wertvolle Erinnerung an einen alten gemeinsamen Freund bei den anderen. Leben wie es vollständiger nicht sein könnte - mit viel Dankbarkeit so wahrgenommen.

* * *

Weshalb bringen nun all diese viele wunderbar gesunden Elemente unserem Roger zuerst einmal nur verschärfte Not? Nun, ich kann nicht für ihn interpretieren, fragen wir ihn doch selber! Ich meinerseits sammle einfach die vielen kleinen Anzeichen, die darauf hindeuten, arbeite mit ihnen, nehme ein kleines Hämmerchen und Material mit, um auf das Gefäss klopfen zu können und zu hören, wo und wie gross der Riss ist - und danach mache ich mich regelmässig ans Reparieren - wie, liebe Freunde?

Dafür müssen wir uns als Freunde regelmässig treffen, all die Dornen und Büsche auf dem Weg zwischen uns entfernen - und dann gemeinsam daran arbeiten, ganz leicht, sehr freundschaftlich und fein, nicht nur einmal, kurz vor Jahresende. So habe ich viele Jahre gearbeitet, mit ganz wunderbaren Freunden.

Der Grund, weshalb die Rose so gut riecht ist,

weil sie freundlich ist zum Dorn.

Dieses Wochenende haben wir unsere Uhren wieder umgestellt, zumindest bei jenen, die den 'Switch' nicht schon automatisch und elektronisch vollzogen haben, nach der unsichtbaren Norm-Uhr, während wir tief schliefen.

Es bestätigt sich wieder, liebe Freunde, es ist ein ganz besonderes Jahr, offensichtlich, dieses 2023! Da bereitet sich etwas vor, das mir ein tiefes Gefühl der Ehrfurcht und des Staunens bringt, jeden Morgen. Es ist nur als Ahnung beschreibbar, und so bin ich froh, dass ich im Verlaufe dieser 73 Jahre viele Hilfsbilder kennengelernt habe, so versuche ich es hier so.

Wir freuten uns in der Schule ja immer, wenn da ganz unterschiedliche Röhren, farbige Glasgefässe, Bunsenbrenner vorne beim Lehrerpult aufgebaut waren und wir uns im Kreis darum stellten - ob mit der klammheimlichen Vorfreude, dass etwas schiefgehen könnte, oder aus echtem Interesse...

Vor einer Woche erlebten wir alle, wenn wir es sorgfältig wahrgenommen haben, etwas Besonderes, ich habe jeweils das Gefühl, mein Innerstes werde aufgeräumt, mitten im Schlaf - es äussert sich dann eben in Träumen wie den drei dicken Kartoffeln. Von Zeit zu Zeit erlebe ich dies, und die Wirkung davon braucht manchmal eine ganze Woche, bis es einigermassen in Worte fassbar wird, etwas sehr Gesundes, wie ich immer wieder staune.

Dies versuche ich hier zu beschreiben - es ist die Empfindung einer 'Wasserscheide', wie oben am Gotthard. Wenn wir sie finden, - am Guadalquivir war ich ihr ja auf der Spur - so können wir einen Fuss dahin stellen, und den anderen Fuss etwas weiter drüben. Wenn wir nach Norden schauen, so plätschert das Wasser, das unseren linken Fuss nass macht, in einem kleinen Rinnsal dahin, und auf seiner langen Reise wird es irgendwann im Rhonedelta der Camargue ins Mittelmeer fliessen...

Und gleich daneben, vielleicht einen Meter daneben, um unseren rechten Fuss herum, da plätschert auch Wasser, ein dünnes Rinnsal ebenso, und doch wird es einen ganz anderen Weg nehmen, es wird nach Thusis hinunterfliessen, weiter nach Basel, Rotterdam, und in die Nordsee münden.

So ist mein Gefühl heute am besten beschreibbar - es füllt sich Wasser, wunderbar viel, vom Gefäss des Jahres 2023 um in das Gefäss des Jahres 2024 - und weil es so ist, scheint sich uns das, was sich im kommende Jahr entwickeln wird, bereits heute in Embryoform zu zeigen.

Die Nächte scheinen mir nun viel langsamer und intensiver, in Etappen wache ich auf, ein Bild, ein Name, eine Situation zeigt sich vor mir, und daraus leitet sich eine lange Kette von Erkenntnissen ab - wunderbar viel Raum und Zeit, genau hinzuschauen und sorgfältig zu beobachten - die Fähigkeit des aufmerksamen Betrachters, die unserem Vater in seinen letzten Lebensjahren so viel Erkenntnis gebracht hatte - ich freue mich heute noch genauso wie damals, als wir dies gemeinsam erforschten, lieber Vater!

Dies ist der Reichtum, den ich Euch beschreiben möchte, liebe Freunde - ein Verständnis, das uns einhüllt und mit uns reist, wo immer wir hingehen! Gestern war Samstag, und ich besuchte meine alten Freunde aus der Zürcher Zeit, wir tauschen aus und freuen uns, dass unsere Freundschaft so aus sich selbst heraus intakt und sorgfältig bleibt.

Beim Löwenplatz wartete ich auf das Dreiertram zum Stauffacher, und aus dem Augenwinkel fiel mir ein etwas hinkender Zerlumpter auf, der auch etwas laut war. Ein paar der Wartenden verzogen sich in eine andere Ecke der Haltestelle, ich blieb, verstand, was kommen würde.

Als er vor mir stand, waren seine Augen voller Angst, wieder eine Abfuhr zu erhalten, doch mit leiser Stimme fragte er dann doch. Es war noch sehr kühl, auch um zehn Uhr noch, und so fragte ich ihn: 'Und, wie hast Du die Nacht überstanden?'

Er spürte sofort dieses 'Eingehülltsein', das Geborgenheit bringt, und antwortete auf eine Weise, wie es sonst Clochards nie tun: 'Ja, es war ganz akzeptabel, bei den Schliessfächern an der Forchstrasse war ich dem Wind nicht so ausgesetzt' – liebe Freunde, auch ich bewahre natürlich sein Geheimnis.

Verstehst Du, Roger? Das ist die Qualität, die ich von Dir erwarte, wir können nicht so lange warten, bis die anderen, mit denen Du ja im Gleichklang arbeiten solltest, dahin kommen, gemeinsam mit Dir, das ist ja in den vergangenen fünf Jahren nicht aufgegangen, so musst Du Dich ganz allein aufmachen, einfach daran arbeiten. Unser grösstes Privileg im Leben, Roger, Ruedi: Wir können lernen, Vertrauen in das Unbekannte zu üben und zu erarbeiten!

Beginne, so bald wie möglich, Roger, Du hast ja schon erkannt, was möglich werden wird damit! Ruedi, unser 'Dorfmogul', wir haben ja gestern beim Herbstmarkt im Dorf, den ersten gemeinsamen Schritt dazu auch getan, das könnte Roger Mut machen! Wir kennen ja so viele, die genau dies brauchen in unserem Dorf!

* * *

Ich denke, Ihr spürt, was sich bei mir getan hat. Nur ein einzelnes Wort, oder eine kleine Melodie kann weiten Raum schaffen, kann einem eindimensionalen Leben jene Bedeutung bringen, die immer schon da gewesen ist, tief, gross, dreidimensional – nur viele Menschen selber haben den Zugang dazu nicht gefunden, oder haben ihn im Verlaufe ihres Lebens aus ihrer Aufmerksamkeit gleiten lassen. Wir können, unabhängig von anderen, auch Hüter dieser Gefässe sein, wir haben uns selber ja immer dabei! Unsere Treue und Sorgfalt wird bewirken, dass sie sich mit dem wirklich grossen Gefäss verbinden werden, ohne dass kostbares Nass verschüttet wird.

Ja, die Virtuosen des Lebens, liebe Freunde, gerade sind wieder ein paar Erinnerungen und Erlebnisse zurückgekehrt, sie sammeln sich in einem Namen – Django.

Da sind nun drei Wesen, die sich mit diesem Namen verbinden bei mir: Ein Gitarrist, vor langer Zeit, dann ein treuer Fan der Südkurve im Letzigrund, und noch ein feiner Freund, der jeweils das Richterswiler Panorama vom Gottfried-Keller-Plätzli aus betrachtete, begleitet von zwei lieben, höchst sorgfältigen Freunden, die mitfühlten in den schwierigen Tagen des Django drei.

Was haben die drei Djangos gemeinsam? Zwei davon leben nur noch in der Form unserer Erinnerung, weil wir diese, geputzt von allen Unvollkommenheiten, aufbewahren - beim Ersten gibt es dank ein paar Youtube-Videos dazu noch ein paar akustische Erinnerungen...

*   *   *

So, es ist Zeit, mich wieder der Musik zu widmen, da warten ein paar feine Arbeiten - bis bald wieder - danke für die gemeinsame Reise, liebe Freunde!

Der Schlaf und der Augenblick des Erwachens

sind eine Art kleines Letztes Gericht.

Liebe Freunde, ich machte mir ein paar Gedanken: 'Nun stehen wir am Anfang des Novembers 2023, da holen die Winde jeweils noch mit Schwung die letzten Blätter von den Bäumen - mein kleiner Ginkgo auf dem Balkon hält sich gut, zwei Meisen und ein Rotkehlchen melden ihren Territoriumsanspruch auf dem Balkon an - sie haben das Feld den Spatzen und Amseln überlassen während des Sommers - doch jetzt gilt es, sich Zugang zu sichern!

So kommt nun auch der Zeitpunkt, dieses Buch hier abzurunden, da sollte etwas Feines stehen, das zusammenfassen wird - doch weit und breit noch nichts davon zu sehen! Ich will das, was im Augenblick in der Welt geschieht, hier nicht hinein nehmen, es entspricht nicht dem Fluss vom einen Gefäss ins andere, sagt mir mein Gefühl', so waren meine Überlegungen.

Gerade vorgestern war ich noch an einer feinen Sitzung im Dorf, schöne Themen umrundet, und ein gemeinsamer Wille, dies umzusetzen, wunderbar!

Und dann komme ich nach Hause, ziemlich müde, schlafe bald tief und werde von etwas überrascht - dies möchte ich Euch etwas ausführlicher als üblich beschreiben, ein intensiver Traum:

Plötzlich sind da zwei Kampfhelikopter, ich sitze drin und wir schauen auf den Display, wie wir sie ja nun überall sehen, in allen Autos, auf Handys, und nun auch fast jeden Tag in der Tagesschau - fehlt nur noch der Stick der Playstation, und schon wären wir aktiv dabei.

Sie kommen von hoch herunter, nähern sich langsam unserem Dorf; und je näher wir kommen, desto deutlicher beginnt sich das Traumszenario zu verändern - wir steuern auf zwei Wiesen zu, die von einer nicht sehr hohen Mauer aus Natursteinen besteht, wie wir sie im Tessin antreffen können.

Auf der näheren Seite der Wiese stehen ein paar Ziegen herum und schauen neugierig herauf.

Und dann staune ich. Da sind keine Kampfhelikopter mehr, sondern ein fliegendes Pferd, ein Pegasus! Die Aufgabe steht immer noch vor uns – und so übernimmt mein Traum-Pegasus – unter ihm ist ein langes Seil und ein Netz, und er fliegt zu den Ziegen hinunter. Das Pferd verweilt einen Augenblick in der Luft, bis die Ziegen im Netz sind und erhebt sich dann mit viel Anstrengung, eine ungewohnte Last, wie es scheint. Als sich der Pegasus dann erhebt, sieht er eher aus wie eines dieser schönen Flughörnchen, die in den Naturfilmen von Arte von einem Baum zum anderen segeln, etwas unförmig, und er schwankt in seinem Flug.

Doch mein Traum-Pegasus kommt mit der Last nicht sehr elegant über die Steinmauer und setzt dann doch die Ziegen auf der anderen Wiese sicher ab.

* * *

Nun, liebe Freunde, das ist nun ein eindrückliches Paket zum Interpretieren und Deuten! Einfach nur wunderbar, was unser Gemüt alles in einen Topf geben kann, während der Nacht umrührt und erneuert! Folgt dies einem Sinn? Natürlich tut es dies, gerade weil unser kontrollierender Verstand ausgeschaltet ist – Ya Saburo, ya Batino!

Wollt Ihr Euch dranmachen, liebe Freunde? Herzlich willkommen! Dies ist nun der Akzent, der unser Buches würdig abrunden wird, einfach so, während einer besonderen Nacht hereingeflogen, nichts dazu getan und doch genauso geschehen!

Da liegt natürlich eine riesige Fülle von Information in diesem Traum, die drei dicken, dreckigen Kartoffeln im Schüttstein wiesen darauf hin – doch hier ist nun eine ganz andere Dimension sichtbar geworden. Sie bestätigt mir, dass mein Jahr Arbeit vollständig, rund abgeschlossen ist und wir mit Geduld und Ausdauer darauf warten können, was sich im Jahr 2024 zeigen wird – dies ist die einfache Linie der Schlussfolgerung für mich daraus.

Doch es hat sich natürlich auch vorbereitet, auf feine Weise, da war letzte Woche Melanie, sie stellte eine leuchtend gelbe Rose auf den Tisch, in einem kleinen Glas, und wir sassen da, tranken Kaffee und assen einen wunderfeinen knusprigen Laugengipfel dazu. Unser leichter Austausch brachte uns dann zum Gedicht, das unser Buch hier abschliessen wird, freut Euch, liebe Freunde, auch auf die Vorbereitung hier darauf, sie ist voller Überraschungen! Das Gedicht selber kommt aus einer anderen Linie als jener, der wir in diesem Buch gefolgt sind.

* * *

Es war vor 51 Jahren - ich habe extra nochmals genau zurückgerechnet, da fand ich in einem Bücherregal an der Via Besso in Lugano ein Buch, gross, farbig. Es hiess 'Der Mensch und seine Symbole' von C.G. Jung - und als ich darin zu schnuppern begann, war es, wie wenn ich in ein Kaleidoskop unseres Menschseins geschaut hätte, auf eine Weise wunderbar, wie ich es erst einmal zuvor so erlebt hatte bei Menschen in unserem Dorf!

Und wenn ich nun sehe, wie ich versuche, all das in unser Buch hineinzupacken, so erkenne ich, dass ich damals auf ein Weizenkorn getroffen bin, das mich über all die Jahre hinweg begleitet hat, nur dieses eine - und heute, welch reiche Ernte daraus!

Meine direkte körperliche Reaktion damals auf so viel Erkenntnis auf einmal war, dass ein vehementer Vitaminmangel eine Unbalance geschaffen hatte, die ein Luganeser Arzt mit ein paar aufbauenden Präparaten wieder ins Gleichgewicht brachte...

* * *

Nun, liebe Freunde, die Ziegen grasen nun auf der neuen Wiese, was für ein schönes Bild! Und so kann ich mich daran machen, unsere gemeinsame Reise hier rund abzuschliessen - und danach werden sich die nächsten Schritte ergeben, in einem leichten, runden Fluss, wunderbar! Folgen wir den Überlegungen dazu!

Ein Buch ist wie ein Brief, an die Zukunft gesandt, das Motto auf unserem Buchumschlag, liebe Freunde. Es kommt mir vor, wie wenn Ihr dieses Geheimnis noch nicht entschlüsselt hättet, all Ihr lieben Freunde, die ich Euch angesprochen habe am Anfang dieses Buches hier. Vielleicht täusche ich mich ja, aber so kommt es mir vor, auch wenn ich nicht verstehen kann, weshalb Euch so etwas verschlossen bleiben könnte.

So schauen wir dieses Geheimnis etwas genauer an, aus all den Perspektiven, die dazu nötig sind:

Wir erleben alle gemeinsam das Jahr 2023 - mit den Veränderungen, Härten, Ängsten, Warnungen, Wahrnehmungen, die uns alle bewegen, immer wieder, an Stammtischen tauschen wir vielleicht aus, oder im Treppenhaus, wenn Austauschen wirklich akut wird.

Und da seid Ihr, liebe Freunde, habt Eure Aufgaben in unserem Dorf, Verantwortungen, die Ihr wahrnehmt, mit Entscheidungen, mit öffentlichen Kommentaren zu diesen Entscheidungen, im 'Richterswiler', in dem Reni schreibt, oder in der 'Zürichsee-Zeitung'.

Und zur gleichen Zeit schreibe ich hier an diesem Buch, begleite Euch sozusagen durch das ganze Jahr hindurch, in jedem Abschnitt dieses Buches können wir nachvollziehen. Dies geschieht still, geborgen, ich gebe vielleicht ein paar wenige Hinweise darauf im Verlauf des Jahres, doch niemand von Euch nimmt sie auf und wird seinerseits aktiv auf der gleichen Tonlage.

Es ist, wie wenn meine Arbeit für Euch gar nicht existierte - so erscheint es äusserlich. Doch wenn Euch dann treffe, von Zeit zu Zeit, oder wie zum Beispiel heute Abend, da informiert Ihr uns Stimmbürger, oben im Haaggerisaal, was Ihr Eurerseits tut - diese Information geschieht nur einmal im Jahr.

Doch eben, wenn ich Euch dann treffe und austausche, erkenne ich, dass sich viel mehr getan hat als das, was Ihr an der Oberfläche mitteilt, liebe Freunde! Das sind unsere beiden Wiesen, durch eine Mauer nur noch lose voneinander getrennt.

*   *   *

Und dann wird unser Buch hier ja erscheinen – darin beschreibe ich: 'Schaut mal her, liebe Freunde, das ist die Wiese, auf der die Ziegen nun grasen, schön, saftig, da werden feine Ziegenkäse daraus entstehen, auch Milch geben sie, und Hans wird sie als exquisite Leckerbissen in seinem Laden verkaufen können! Auch da werden wir uns wieder treffen!'

Versteht Ihr, liebe Freunde, ich schreibe nicht eigentlich für Euch, ich schreibe für die Zukunft, für die Generationen, die nach uns kommen werden, für Diego zum Beispiel, wenn er wieder zurück ist aus seiner Reise zu seinen Wurzeln. Sie sollen, wenn sie sich dafür interessieren, die Spuren zurückverfolgen können, in die Vergangenheit, in die Gegenwart, wie wir sie heute gestalten.

Die Generation nach uns soll orten können, wo was geschehen ist; ebenso wie an einem der ersten Tage, als ich wieder in unserem gemeinsamen Dorf der Kindheit lebte – da kam ein Mann auf mich zu, keine Ahnung, wer er war, doch er gab mir einen Orientierungspunkt: 'Der Grund, weshalb Richterswil so ist, wie es heute ist, geht zurück zum Tag, an dem der eine Gemeindepräsident wurde, während alle wussten, dass der andere mindestens so geeignet gewesen wäre.' Als ich aus seiner Beschreibung zurück rechnete, staunte ich, denn das, was er beschrieb, geschah in den Jahren, als ich nach meiner Lehre bei der Lokalbank und dann Credit Suisse aufbrach zu meinen fünfzig Jahren danach!

So wird von Euch etwas Besonderes erwartet werden, liebe Freunde, wenn Ihr dieses Buch dann lesen werdet, ein paar vielleicht noch im Jahr 2023, doch die meisten wohl erst im Jahr 2024, warum?

Weil Ihr dann auf der einen Seite mitten im Gestalten des Jahres 2024 stehen werdet, das viel Energie und Zeit absorbieren wird – und auf der anderen Seite werdet Ihr ja mit dem Buch auch noch das, was Ihr in unserem Jahr 2023 nicht wahrgenommen habt, aufarbeiten können, es wird eine Arbeit auf beiden Wiesen für Euch beinhalten, liebe Freunde, gleichzeitig, gut koordiniert!

Doch daraus kann eine höchst nahrhafte Suppe werden, der Freund wird etwas Gutes zu essen bekommen, sicher!

Und besonders schwierig wird es für die beiden Bären-Menschen werden, Ruedi und Heinz, wenn wir von aussen betrachten; sie haben sich an einem Ort festgenagelt, mit viel Willen und gemeinsamer Zielsetzung, das schafft einen Knoten, den sie nur mit viel Anstrengung werden lösen können – es gehört nicht unbedingt zu den besten Fähigkeiten von Lehrern, solche Knoten gemeinsam und für alle sichtbar lösen zu können, nicht nur in unserem Dorf.

Doch hoffnungslos ist es nicht, Ruedi. Du hast Dich gestern sichtbar gemacht, sahst zwar etwas zusammengefaltet aus. Nur Mut, Ruedi, unsere Mutter hat in solchen Situationen jeweils gesagt: *'Jetzt nimm Di emol zäme!'*, Alltagswissen, Bauernwissen, erprobt in den Härten des Lebens. Und doch, Bären-Ruedi, da ist grossartige Tiefe, genau in diesen wenigen Worten. Wenn Du mal mit dem Erforschen beginnst, wirst Du wie Aladdin in seiner Höhle wunderbar viel entdecken können, alles nützliche Dinge! Der Impuls dazu ist ja da, hat Dich gestern Abend in den Haaggerisaal gebracht, nutze ihn! Du musst nur das Lämpchen mitnehmen, mehr braucht es nicht, und genug Öl müsstest Du auch noch dabei haben!

Ruedi und Heinz könnten keine besseren Voraussetzungen haben, es ist der richtige Zeitpunkt – ich werde ihnen die Aufgabe auch ganz sorgfältig beschreiben – wie ein feiner Faden, der sie durchs Labyrinth führen wird.

Nun, liebe Freunde, im November wird nun jede Seite, die noch bleibt für das Buch, dreimal so kostbar – das Bild von den beiden Wiesen ist höchst adäquat – was bringt mir die Möglichkeit, Euch all diese Dinge zusammenzufassen? Nun, ich habe mein ganzes Leben lang immer auf beiden Wiesen gearbeitet, da braucht es jeden Tag sehr viel Gefühl für Koordination und Verständnis dafür, dass die beiden nicht einfach 'gleich' sind.

*   *   *

Eine Wand sagt zum Nagel: 'Warum störst und verletzt Du mich?'

Und der Nagel antwortet: 'Schau den an,
der seinen Hammer auf mich haut!'

Ein paar wenige Tage noch, liebe Freunde, und unser Dorffest findet statt. Wünschen wir uns, dass das Wetter so einladend sein wird, dass uns die Freude an der grossen Vorbereitung auf die Räbechilbi ein Raunen des Staunens unserer vielen Gäste bescheren wird! Viele schauen dieser Tage in den Himmel, suchen die Zeichen, oder tippen auf dem Handy die Wetterprognose an.

Es ist nun richtig kalt geworden, noch dunkel am Morgen, wenn ich die Migrostasche mit den gesammelten Kartons an den Strassenrand stelle - ein guter Bekannter mit zwei Hunden ist auf seiner Morgenrunde, eine Mütze auf. Wegen der Dunkelheit tragen beide Hunde ein blinkendes Halsband, rot das eine, grün das andere, rot voraus, grün hinterher - eine etwas surreale Szene, sie erinnert mich etwas an die 'Men in Black'.

Es wäre schön, liebe Freunde, wenn wir auch Eure Berichte über dieses Jahr in ähnlicher Form lesen könnten, so viele Sichtweisen auf unser gemeinsames Leben würden da nachvollziehbar! Lebendiges, kollektives Gedächtnis. Was ist typisch in dieser November-Zeit? Da ist kaum noch Bewegung, was getan ist im Jahr, ist getan, nichts mehr zu verändern, wegzunehmen oder dazu zu tun.

So wäre (neben dem Räbenhöhlen und -schnitzen) auch Zeit für Betrachtung, jene Eigenschaft, die unser lieber Vater erst in den letzten Jahren seines Lebens noch zu erkennen begann: Der Puran kennt beide Wiesen, hat deshalb viel analytische Arbeit getan, für die Verantwortlichen im Dorf. Nun könnten wir austauschen, einüben, überprüfen, da käme sicher auch reiche Ernte, alte Wurzeln und Steine auf dem Acker könnten wir aussortieren, damit das Säen im neuen Jahr sicherere Ernte versprechen kann.

Doch das Wissen, dass Ihr, liebe Freunde, mit so etwas kaum vertraut seid, individuell vielleicht ansatzweise, doch kollektiv, gemeinsames Hineinknien mit dem Ziel: 'Wir wollen nicht noch ein neues Jahr so unaufgeräumt beginnen!', das scheint Euch viel zu weit entfernt, wenn wir uns die geltenden Reglemente und Vernetzungen vor Augen führen.

Könnt Ihr nachvollziehen, liebe Freunde, dass dieses Erkennen bei mir enorme Trauer auslöst? Nun, bin ich dankbar dafür, dass ich beide Wiesen kennengelernt und auf beiden gearbeitet habe. So wird jeder Satz, den ich hier noch in dieses Buch nehmen kann, umso kondensierter - das Ziel ist nun in Sichtweite - schon genau erkennbar - dies wäre vor einem Monat noch nicht möglich gewesen!

* * *

Umso sorgfältiger betrachte ich hier, mit oder für Euch, die Szenerie, die sich für unser Jahr 2024 schon deutlich abzeichnet - grosse Schuldenberge bei vielen unserer 'entwickelten', führenden Staaten, sie haben jedes Mass überschritten, kein Ende abzusehen.

Die Zentralbanken, USA, Europa, Schweiz, sie sind an ihre Grenzen gestossen mit dem, was sie bisher als ihre Funktion betrachteten - wir werden die Folgen ganz direkt erleben - meine Denkroutinen, vor bald fünfzig Jahren erworben, zeigen noch immer zuverlässig Temperaturen und Szenarien an. Da ist so viel 'Investition in Destruktion', diese Budgetposten - nicht jene unseres Dorfes - werden nach ihrer Erfüllung streben, wenn wir die Mechanismen betrachten, mit allem, was sie uns bringen werden.

Nun, liebe Freunde, Oliver, Willy, Ruedi vorallem, und dann auch alle anderen Verantwortlichen unserer Verwaltung: Auch wenn das übliche Verständnis von 'Verwalten' (Der FCZ verwaltete das 1:0 ganz clever über die Zeit) natürlich auch Leitlinie ist für Euer kollektives Denken und Handeln - was ich Euch gegeben habe in diesem

Jahr hat genau deswegen grossen Wert. Es ist ein unbezahlbarer Schatz, wenn wir innerhalb all dieser Normwerte, Abhängigkeiten und Vernetzungen innerlich beweglich, lebendig, offen bleiben für das, was wirklich mit dem Leben zu tun hat.

Unser Buch hat jedoch nicht die vier Videos zum Inhalt, dies hier ist die andere Wiese.

Die kleinen Meldungen über diese wirtschaftlichen Veränderungen kommen meistens eher verschämt daher, in einer kleinen Ecke. Doch heute stellt gerade ein deutscher Sender da, gemeinsam mit Finanzanalysten die gleichen Überlegungen an - Deutschland wird sich nicht einfach so 'erholen', in den USA spüren die Rabauken Aufwind, und irgendwann werden die Rating-Agenturen wieder aktiv und neue Beurteilungen ankündigen. Ruedi, mein alter Schulkollege, Du möchtest gerne seinen Glauben an die gesunde Selbstregulierung der Märkte aufrecht erhalten, doch so wird es ja kaum werden in den kommenden Jahren; woran kannst Du Dich denn heute festhalten, als Ersatz dafür? Heikle Frage.

Heute Morgen ging ich auf unserer Gemeindeverwaltung vorbei, um die detaillierteren Unterlagen zu unserer Budget-Gemeindeversammlung zu holen - es ist immer eindrücklich zu sehen, wie ein derart komplexes Gebilde wie ein Doppeldorf analytische Fähigkeiten braucht, um die Zahlen in verständliche Kontexte zu bringen, Kompliment, jedes Mal von Neuem.

Irgendwas scheint sich getan zu haben, stelle ich mit Staunen fest - da ist Tiefenschärfe dazugekommen, gut, sehr notwendig, um uns zu wappnen für die Zeiten, vor denen wir stehen! Auch wenn es vielleicht nicht notwendig sein wird, doch vorbereitet zu sein, wenn noch einmal grössere Gebilde ihre Stabilität verlieren könnten - aus diesem Grund habe ich gearbeitet, liebe Freunde, ganz wunderbar, wenn Ihr diese Überlegungen aufnehmt und umsetzt, ob nur in rudimentären Ansätzen oder mehr.

* * *

Wir haben zwar damit noch keinen Mietzins gesenkt, oder Krankenkassenprämien, doch wir werden den Fragen, die sich stellen, wenn sich die Dinge noch weiter verdichten sollten, nicht ausweichen müssen, und Stammtischdiskussionen könnten sich darum drehen, wie wir gemeinsam Vorkehrungen treffen könnten, wenn noch mehr Richterswiler sich der roten Zone existenzgefährdend nähern sollten. Das ist Qualität, die ich mir wünsche, liebe Freunde, in genau dieser Richtung!

Ich erinnere mich mit einem kleinen Schmunzeln an etwas, das ich in Sevilla erlebte, in den zwei Jahren meiner Flamenco-Lehre - da wohnte ich in Triana, dem Viertel auf der anderen Seite des Guadalquivir, da sind die Töpfer zuhause, und die Gitanos, und beim Eingang des grossen Marktes am Ende des Puente de Triana sitzen runde Frauen auf runden Stühlen, in farbenfrohen Kleidern, vor sich ein grüner Plastikeimer, und sie rufen: 'Los Caracoleeeeeeee' - Schnecken, die sie in der Frühe gesammelt hatten auf den taunassen Wiesen. Mit souveräner Leichtigkeit plaudern sie miteinander, sie müssen nicht einmal hinsehen, ihre Handbewegungen schieben jene Schnecken wieder zurück in den Eimer, die sich auf einer leisen Schleimspur aus dem Blickfeld schleichen wollten...

Da wohnte ich, in der Calle Ardilla, der Eichhörnchenstrasse, und übte jeweils auf der Dachterrasse meine Tonleitern und 'Falsetas'. Nun, liebe Freunde, die Szene kommt mir wegen uns wieder in den Sinn. Etwas weiter unten, in der Calle Ardilla, da hatte ein Immobilientycoon Grosses vor, er hatte, als ich einzog, ein Hochhaus in seinen Grundrissen schon hochgezogen, eine Betonplatte als Boden, Holzstreben zum Absichern, dann die nächste Betonplatte für die Etage darüber, wieder Holzstreben zum Absichern - und so weiter, sicher fünfzehn Stockwerke hoch, sie standen schon fünf Jahre so da, sagten mir die Nachbarn.

Und dann ging ihm das Geld aus, oder die Finanzierer wollten mehr Zins, oder etwas anderes geschah - auf jeden Fall: Die fünfzehn Stockwerke blieben, genau so, wie er sie gebaut hatte.

Da ist immer ein unverhofftes Element in unserem Leben, liebe Freunde, schön, wenn wir es erkennen und befragen können: 'Weshalb bist genau Du da, ausgerechnet Du, auf diese Weise?'

Meine kleine Triana-Geschichte, die mir geblieben ist: Auf diesen fünfzehn Stockwerken hatten sich bald jene eingenistet, die ein solches Gebilde höchst praktisch fanden: Hunderttausende von Schwalben, Mauerseglern, bauten darin ihre Nester; abends war der Himmel jeweils fast schwarz von den pfeilschnellen Künstlern, die hoch in die Luft sausten, das eine legte sich auf den Rücken, das andere blieb so - und gemeinsam fielen sie vielleicht fünfzig Meter - schon war die Basis für eine neue Generation geschaffen.

Bewegend, liebe Freunde, solche Erinnerungen, wie Juwelen springen sie einfach so hervor! Als dann die Stadt irgendwann der Bevölkerung Pläne vorlegte für eine Neunutzung dieser Liegenschaft an der Eichhörnchenstrasse - da protestierten die 'vecinos' mit einer Stimme: Lasst die heutigen Bewohner einfach zufrieden, so wie sie heute leben, schöner könnten wir es nicht haben! Verdiblancoyverde - grün-weiss-grün, die andalusische Fahne, die Farben auch vom FC Betis, natürlich...

Stellt Euch vor, liebe Freunde, das Gleiche könnte uns auch blühen mit unserer Dreifach-Turnhalle, gerade um die Ecke von meinem Wohnort, ausgeschlossen ist es nicht; besser, wenn wir als ganze Gemeinde vorbereitet sind, nicht nur darauf...

* * *

Mein Impuls, dem ich gefolgt bin, in Sevilla leben zu wollen, um da die Flamencogitarre wirklich spielen zu lernen, der hat mir auch einen Traum lebendig erhalten - pssst, ich vertraue ihn nur Dir, liebe Leserin, lieber Leser an, niemand anders: In Sevilla gab es zu 'meiner' Zeit, (kurz, nachdem Franco gestorben war) vier Musikgruppen, sie komponierten neue Sevillanas, den lokalen Festtanz, alle kennen ihn, ich auch; auch in den Discos gab es immer wieder eine Viertelstunde, die nur den Sevillanas gewidmet war.

Und all diese neuen Sevillanas werden jedes Jahr an der Feria de Abril vorgestellt - google mal nach, wenn Du Lust hast - und alle drehen sich eigentlich nur um ein Thema: 'Sevilla, (oder Triana), Du bist die schönste Stadt der Welt, mit so viel 'gracia' (Anmut), was für ein Glück für mich, dass ich in dieser Stadt geboren bin - und ich werde mir nie etwas anderes wünschen als auch in dieser Stadt zu sterben!'

So leben, sprechen und singen zu können über den Ort, an dem ich selber aufgewachsen bin und nun nach fünfzig Jahren wieder lebe - und all meine Schulkollegen von damals antworten darauf mit Olé!

Das ist mein ganz persönlicher Traum, pssst, nur gerade Dir verraten! Worauf es vorallem ankommt: Wir müssen lernen, unsere Träume gut zu hüten... Alles andere wird sich dann ergeben, nur eine Frage der Zeit.

* * *

Gestern Samstag, Räbechilbi-Tag: Unsere Zeit, liebe Freunde, schön zu sehen, dass die Arbeit eines ganzen Dorfes in einem Geschehen zusammenkommt, es strahlt weiter aus, als wir mitten in unseren eigenen Aktivitäten wahrnehmen können.

Willy gibt mir einen Auftrag, aus der Ferne: 'Sag doch allen, die mich noch kennen, einen herzlichen Gruss von mir!' Natürlich tue ich dies, gerne. Vor meiner eigenen Arbeit, meine Räben auszuhöhlen, besuche ich in Oerlikon noch Marzia - erinnert Ihr Euch? Sie gab mir den Gebärdennamen, eine zugespitzte Schnauze... Marzia sieht etwas geschrumpft aus, mit dem, was sie dieses Jahr erlebt hat - schade, Gabriela, dass Du nicht nachgefragt hast.

Doch was wir selber auseinanderfallen haben lassen, das ist nun, so kurz vor Ende Jahr, nicht mehr so einfach sammelbar, gut, wenn wir die grossen Körbe schon vorher bereit hatten! Dieses gleiche Bild vom ziemlich ziellosen Hin- und Herrennen gibt auch Zürich, wieder einmal - irgendwo ist abgesperrt wegen Demos dafür und dagegen, so fahren wir auch umständlicher durch die Stadt als sonst, Busse und Trams fallen aus, der Hauptbahnhof ist nun renoviert, hilft auch nicht sehr. Gestern war nochmals ein Bombenalarm beim Obergericht, erzählen mir Heini und Roland, mit Sturmgewehren und Panzerwesten vor Hauseingängen...

Ein Bahnarbeiter hastet später in oranger Signaljacke ziemlich verzweifelt durch die Menge der Passagiere im Hauptbahnhof, ein Ohr am Handy und ruft ins Mikrophon: 'Hey Mann, das chasch jetzt aber nüd mache mit mir! So machsch mi ganz konfus!' Er müsste wohl irgendwohl eine Bremse überprüfen, beklopfen, oder bei einer Lokomotive die Kupplung lösen, mit dem üblichen 'Pfffffffft', wenn die Druckluft entweicht - doch bei ihm ist die Luft schon vorher draussen, er tönt ziemlich verzweifelt. Wir brauchen andere, und sie sind einfach nicht da, wo Not entsteht, sie denken, fühlen nicht so weit. Wenn unser Gehör nur etwas geschult ist, erkennen wir Symptome von Vereinsamung leicht.

So kam ich zuhause an, am frühen Nachmittag, begann, meine drei Räben auszuhöhlen und schaute mir die Nachrichten an - in all unserer Vielfalt und Überfluss an Möglichkeiten - ein Gefühl von sinnlosem Stillstand, nirgends zu Hause... Während sich das Räbenmus im Eimer sammelte, hing ich diesen Überlegungen nach und drückte auf den Knopf der Fernbedienung - was können wir alles einfach so abrufen, aus dem Schaukelstuhl heraus!

- DRS I:	Potzmusig
- BBC 2:	The Planet of the Apes
- n-tv:	Das Ende der DDR
- CNN:	Heisse Diskussion in einer farbigen Runde - wo liegt der Unterschied: Hate Speech oder Free Speech?
- ORF 2:	Loriot
- TV Andalucía:	Toros
- TRT Müzik:	Zelebrierte Musik, Saz und Gesang

* * *

Nun, liebe Freunde, ein solcher Tag erinnert mich an unseren gemeinsamen Buch-Frühling - da sagte ein lieber Freund:

Du bist dann ein guter Vater, eine gute Mutter, wenn Deine Kinder in Deine Arme rennen, sogar wenn Deine Hände leer sind...

Das Räbenhöhlen und -schnitzen, damit die Kerzen dann in der Nacht, wenn es dunkel wird, durchscheinen können, das schafft sicher Heimat. Schön, hier aufgewachsen zu sein! Doch vergessen wir nicht, liebe Freunde: In jedem Land, hier vertreten durch die sieben TV-Sender, verankern die Menschen ihr eigenes Gefühl von 'Heimat', ihrer Umgebung entsprechend - und wir würden genau dies auch tun wollen, wären wir an diesen Orten geboren.

* * *

Unser regelmässiges Freunde-Besuchen trägt einen tiefen Sinn in sich, so kommt mir Bruder Mario in den Sinn: 'Hast Du nun, nach vier Jahren, gelernt, die 'Monotonia' für Orgel zu spielen, ein so wunderbares Musikstück?' Ein lieber Freund lebte in tiefer Not, wusste, dass er nach dem frühen Tod seiner Schwester für sich selber eine Form von unabhängiger, innerer Heimat schaffen musste, um zu überleben, um eine gerade Linie zu finden, an der seine Not ausheilen konnte - wie kannst Du so etwas ignorieren wollen, Bruder Mario, was fehlt Dir dazu?

Lieber Vater, genau heute sind es fünfundzwanzig Jahre her, seit Du Deine grosse Reise angetreten hast, ich war heute in Einsiedeln, habe eine Kerze für Dich und Deine Frau angezündet, unsere Mutter; da ist viel feine Atmosphäre, die mich begleitet, gemeinsam Singen... Da ist ein Grundgefühl von 'abgerundet, vollständig', es begleitet mich nun jeden Tag, Pegasus hatte wohl auch etwas damit zu tun. Die Erinnerung an Euch ist nochmals feiner, essenzieller geworden. In wenigen Tagen wird das Grab, das wir jeweils besuchten, aufgehoben, es wird Platz geschaffen... Auch das Herbstblatt ist gut aufgehoben!

* * *

Auch wenn Dein Mantel alt ist...

wird Dein Herz immer neu, frisch und rein sein.

Wir nähern uns dem Jahreswechsel, liebe Freunde, und wie wunderbar fügen sich nun die Dinge auf eine Weise, dass dieses Buch so harmonisch, wie es im Frühling begonnen hat, auch seinen Abschluss findet, Ya Saburo, Ya Batino!

Mein Vorwinterhusten hat mich eingeholt und geschüttelt, mit imperialer Autorität, ein treuer Begleiter, den ich unterdessen so gut kenne und weiss, wie viel Geduld und Übung es braucht, bis er sich wieder verabschieden wird, einfach von sich aus - ein Freund, der alle Achtsamkeit verdient; doch einen Freund müssen wir auch kennen, was sein Erscheinen betrifft, was sein Geheimnis betrifft, und was den Rhythmus betrifft, in dem er sich immer wieder zeigt - unser Erzählcafé hatte genau dies auch zum Thema.

Und so nutzen wir die Zeit, da sind noch ein paar wenige Dinge, die ich Euch hier mitteilen will. Sie kommen mir regelmässig in den Sinn, wenn ich mit dem Bus vom Dorf in die Burghalde fahre, es ist ein Erlebnis, das ich ja, wie Ihr seht, nicht mehr missen möchte. Von Zeit zu Zeit habe ich dann das Gefühl, ich fahre in einem Rolls Royce, der mich durch das Richterswiler Leben kutschiert, und wenn ich dann sehe, dass Angelika am Steuer sitzt...

Nun, genau zur richtigen Zeit, ist das Erzählcafé wieder so zentriert, wie es seiner eigenen Geschichte entspricht, es ist leicht, diese Zentriertheit bewahren zu können in der Zwischenzeit - ich hatte vor drei Jahren schon Henriette versprochen, dass nicht ein Jota von dem, was sie getragen und im Dorf lebendig gehalten hat, verlorengehen würde - hier bestätigt sich diese Notwendigkeit noch einmal.

Wir thematisierten die Symptome der Verzweiflung, der Vereinsamung - und wie zentral hier das 'Brückenschlagenkönnen' ist für unser gesundes Dorfleben. Dies möchte ich noch etwas ausführen, liebe Freunde, wenn Abhängigkeiten dichter und verstrickter werden, innere und äussere, desto wichtiger wird diese Funktion noch werden.

Wenn wir, wie immer im November, plötzlich aus TeleZüri solche Dinge hören, wie gerade in diesen Tagen, so müssen wir nur fünf Minuten darüber nachdenken, um zu erkennen, dass dieses 'Schlagzeilengeschehen' eine lange Vorgeschichte haben muss, und dass nun jene, die im Kontext durch die Öffentlichkeit gezerrt werden, völlig bewegungslos, starr geworden sind, der öffentlichen Gier ausgesetzt, oder den Kommentaren jener, die es ja schon immer gewusst haben - oder manchmal, von weitem auch, Mitgefühl erleben.

Doch all das, liebe Freunde, geht nicht nahe genug heran an das 'Menschsein', dass sich Not wirklich lösen könnte - Mario und sein Partner im anderen Sektor hätten ja eigentlich die Aufgabe, diese Voraussetzungen schaffen zu können - doch sie blieben viel zu weit weg - und nun ist noch der José aus Rom zurück, mit einem Aktionsplan für unsere beiden Institutionen - doch statt nach Norden unterwegs zu sein, gibt ihm der Inhalt des Koffers vor: 'Geht Richtung Süden, alle miteinander!' - und dahin werden sie sich ja in ihrem Gefühl für Gehorsam auch aufmachen.

So schön, liebe Freunde, dass ich zwei Jahre genau da in diesem Süden gelebt habe - wisst Ihr, was ein Andalusier sagt, wenn er bei seinem Freunde erkennt, dass er sich heillos in seinen eigenen Gedankenlabyrinthen verrannt hat? Er sagt ihm, mit allem Mitgefühl, das Andalusier auch in ihrer Musik und Sprache so souverän beherrschen: 'Oye amigo, tienes que anortearte!' - lieber Freund, Du musst Dich nach Norden ausrichten - unsere liebe Mutter sagte jeweils: 'Jetzt nimm Di emol zäme!' - weise Ratschläge!

Um das Abrunden in unserem Buch wirklich sichtbar zu machen, ist noch ein Aphorismus als Leuchtturm höchst eindrücklich, gleicher Autor - er nimmt viel Wissen hier hinein, mein Erleben.

'Ich habe so viele Menschen gekannt,
die hatten gar keine Kleider;
und ich habe so viele Anzüge gekannt,
da waren gar keine Menschen drin.'

Das wirkliche Auflösen von Not, wie es uns hier in diesem November 2024 tagtäglich anspringt, hat als Voraussetzung auch eine höchst anspruchsvolle Fähigkeit, die wir hier in unserem Dorf ja für so lange Zeit vernachlässigt haben, wie mir viele Freunde immer wieder bestätigen, thematisieren wollen - so nutze ich unsere paar Seiten noch, um das genauer zum umrunden.

Im Erzählcafé vom Montagmorgen kamen wir zum 'Bewahren von Erkenntnissen' - ich weiss zum Beispiel, dass irgendein Mensch ein Trauma mit sich trägt, über Jahre hinweg, nicht weiss, wohin er es tun müsste. Doch ich habe ja miterlebt, oder wie oft in der Arbeit des Jugendcafés in der Altstadt von Zürich, in höchst ehrlicher und dramatischer Weise beschrieben erhalten, wo sich das Trauma im Grundmuster dieses Menschen festgesetzt hat.

Um Not wirklich heilen zu können, müssen wir zuerst die Fähigkeit, Geheimnisse sorgfältig zu bewahren lernen, sicher werden darin, üben, viele Jahre lang. Wir müssen auch lernen, diese sicher zu verpacken, zu lagern, in der richtigen Temperatur, und so zu kennzeichnen, dass wir sie zur richtigen Zeit wiederfinden.

Die Erkenntnis, dass ich zwar wüsste, was und wie zu heilen wäre, doch dieser betroffene Mensch steht nicht da, sondern im Gegenteil, er fürchtet sich so gnadenlos, überhaupt in die Nähe dieses Wissens zu kommen - da stehen wir im Kern unseres Menschseins.

Ich kenne nun in unserem Dorf ein paar wunderbare Freunde, die Virtuosen darin sind, wir finden sie (noch) nicht in unseren etablierten Institutionen, die dafür eigentlich sogar da wären - doch alle sind da, auch wach genug, um erkennen zu können, meine

Freude darüber könnte nicht grösser sein, genau die richtigen Menschen, genau zur richtigen Zeit!

Stellt Euch vor, liebe Freunde, das war Inhalt unseres Erzählcafés, eindrücklich, tief und sicher im gegenseitigen Verständnis - mit Menschen, die sich auf eine Ankündigung hin einfach so getroffen haben sogar am Morgen, als bei einigen im Inneren noch nicht einmal die Wecker geläutet hatten!

* * *

Unser Aphorismus zu diesem abschliessenden Kapital, liebe Freunde, steht so sicher da: Egal wie Dein Mantel aussieht, wie alt, verschlissen oder dreckig, er beschützt das, was Du im Inneren immer trägst, das Erste, was sich im Embryo jeden Wesens als Erstes bildet - das Herz.

Doch das Paradox unseres Lebens stellt uns auch in die Aufgabe, jeden einzelnen, jede einzelne vor uns, uns diesen sicheren Zugang erst noch erarbeiten zu müssen - Wieder-erarbeiten zu müssen. Wir kamen zwar so zur Welt, doch dann legten wir uns Kleider an und vergassen, was darunter lebendig schlägt, wir beginnen uns sogar davor zu fürchten - alles unser Abenteuer 'Leben'!

* * *

Für all jene, die ihre Geheimnisse sauber verpackt haben, in richtiger Temperatur gelagert und so etikettiert, dass sie leicht im Lagerhaus unserer Erinnerungen zu finden sind: Wir sollten gemeinsam, synchron, zusammenarbeiten lernen - es könnte so aussehen, Frauen, Männer, manchmal wird es die einen brauchen, manchmal die anderen, immer in Zusammenarbeit:

'Du, ich weiss von einer dicken Not eines Menschen, und wir sollten diesem Menschen gemeinsam einen Pfad öffnen dazu, er würde vielleicht drei erste Schritte beinhalten:

- Jemand, von ausserhalb des 'Notkreises', gibt diesem Menschen einen Hinweis: Du, es gäbe einen Weg, der es Dir leicht machen kann, Deine Not aufzulösen, da ist eine Information, die Du dazu brauchen würdest, doch aus Deiner Sicht scheint der Zugang zu dieser Information unmöglich – ich möchte Dir einfach mal mitteilen, dass es nicht unmöglich wäre.

– Und dann kommt Geduld, Ya Saburo, Ya Batino, und irgendwann eine Reaktion des Empfängers, früher oder später: 'Es ist richtig, dass eine Information mir dieses Leid lösen könnte, doch dies scheint mir nicht erreichbar – wüsstet Ihr mir einen gefahrlosen Weg dahin?' *(Liebe Freunde, im Kern jeder Not liegt ein höchst wertvolles Wissen verborgen, wir könnten sogar sagen, dass Not nur deswegen da ist, um uns immer näher dahin zu schubsen, wo das Auflösen der Not schon lange wartet!)*

– Und dann kommt die freudige Zusammenarbeit, die all unsere wunderbaren Virtuosen im Dorf schon lange beherrschen – wir loten gemeinsam aus, was dieser Mensch brauchen wird – ob eine Frau als Überbringerin des Wegplanes, oder eher ein Mann?

– Und so wird ein vorsichtiges Gehen auf diesem Weg eingeleitet, mit Wachsamkeit begleitet von den Virtuosen, die still und wachsam mitfühlen, begleiten und jede Möglichkeit nutzen, zu ermutigen, zu ergänzen, leichte Korrekturen anzubringen, wo sie nötig würden.

– Und die zentrale Klarheit dazu: Es ist nicht unser Weg, es ist vollständig und ausschliesslich der Weg dieses Menschen, der bestätigt erhalten kann: 'Ja, es ist Dein Weg, Du hast ihn erkannt, Du hast freie Sicht auf das Ziel vor Dir, Du kannst ihn nicht einmal verfehlen, wenn Du es stur darauf anlegen wolltest!' Ohne jeden konzeptuellen Überbau, ohne jedes finanzielle Ziel dabei.

* * *

Es ist natürlich, liebe Freunde, dass wir unter einem Spital einfach nur die Quelle der Heilung finden, es kommt darauf an, ob wir bereit sind, tief genug zu graben – auch in unserem Gotthard können wir das Gleiche finden!

Nun, liebe Freunde, da sind wir nun angekommen, genau zur richtigen Zeit am richtigen Ort – und heute Morgen kommt nochmals ein überraschender Impuls, eine Hemmung, könnte man sagen, wenn wir uns an Mani Matter erinnern.

Diese Hemmung sagt mir: ' Beende dieses Buch hier, auf dieser Seite! Lass der Leserin, dem Leser den Raum, aufzuzeichnen, was sie bewegt – sie werden ja dann selber zur letzten Seite kommen, genau so, wie unser Konzept seinen Anfang nahm!

Genau diesem Hinweis folge ich hier nun – ich möchte Euch mit aller Dankbarkeit und Freude, das ausdrücken, was ja schon nicht mehr Worte brauchen wird – eine harmonische Buchtaufe und die Musik, die diese begleiten wird, ist, worauf wir uns still freuen!

Möge dieser Segen uns alle begleiten in dieses Jahr 2024!

* * *

Wir Menschen sind aus einem Stoff geschaffen

Wir Menschen sind aus einem einzigen Stoff geschaffen
wir sind Glieder eines einzigen Körpers.

In dem Moment, an dem ein Leid
auch nur ein einziges Glied befällt,
widerhallt sein Schmerz im gleichen Augenblick
in allen anderen Gliedern.

So lange wir uns vom Leiden unseres Nachbars
nicht berühren lassen,
verdienen wir es noch nicht,
Mensch genannt zu werden.

* * *

Sa'adi